DEUS E A CABANA

ROGER E. OLSON

DEUS E A CABANA

ENTENDENDO A PRESENÇA DIVINA NO BEST-SELLER DE WILLIAM P. YOUNG

Tradução de
Lilian Jenkino

THOMAS NELSON BRASIL

Rio de Janeiro
2009

Título original
Finding God in the shack

EDITOR RESPONSÁVEL
Nataniel dos Santos Gomes
SUPERVISÃO EDITORIAL
Clarisse de Athayde Costa Cintra
PRODUTORA EDITORIAL
Fernanda Silveira
CAPA
Valter Botosso Jr.
TRADUÇÃO
Lilian Jenkino
COPIDESQUE
Magda de Oliveira Carlos Cascardo
REVISÃO
Margarida Seltmann
Cristina Loureiro de Sá
Joanna Barrão Ferreira
PROJETO GRÁFICO E DIAGRAMAÇÃO
Julio Fado

CIP-BRASIL. CATALOGAÇÃO NA FONTE
SINDICATO NACIONAL DOS EDITORES DE LIVROS, RJ

O62c

Olson, Roger E.
Deus e a cabana: entendendo a presença divina no best-seller de William P. Young / Roger E. Olson; tradução de Lilian Jenkino. - Rio de Janeiro: Thomas Nelson Brasil, 2009.
Tradução de: Finding God in The Shack
ISBN 978-85-7860-044-0

1. Young, William P. A cabana. 2. Cristianismo na literatura. I. Título.

09-1298. CDD: 813
CDU: 821.111(73)-3

Rua Nova Jerusalém, 345 – Bonsucesso
Rio de Janeiro – RJ – CEP 21402-325
Tel.: (21) 3882-8200 – Fax: (21) 3882-8212 / 3882-8313
www.thomasnelson.com.br

Para minha mulher, Becky.

Sumário

capítulo um

Por que um livro sobre A cabana?

Todos que sentiram uma grande tristeza, ou que conhecem alguém que sentiu, podem estabelecer alguma relação com *A cabana*. Esse romance é sobre a Grande Tristeza — o terrível fardo da dor que frequentemente acompanha e se segue a uma perda devastadora. Pode ser a morte de uma pessoa amada. Pode ser a ruína financeira. Pode ser o divórcio ou o abandono. Qualquer que seja sua causa, a Grande Tristeza faz parte da condição humana.

Muitas vezes as pessoas se perguntam "Onde está Deus?" quando estão oprimidas pela Grande Tristeza. Onde estava Deus quando meu marido ou minha mulher morreu? Onde estava Deus quando meu irmão morreu em um acidente de carro, deixando para trás uma família recém-formada?

Onde estava Deus quando uma tempestade destruiu a minha cidade, incluindo minha casa? Onde estava Deus quando os terroristas atacaram e mataram tantas pessoas?

Provavelmente nenhuma pergunta sobre Deus perturba mais cristãos e não-cristãos do que estas: Como um Deus Todo-poderoso e cheio de bondade pode causar ou mesmo permitir tal horrível perda de vidas humanas? Como um Deus de amor pode permitir a partida de alguém que eu amo tanto? Sobretudo se essa partida envolver dor e sofrimento, deixando destruição e ruína em seu rastro. Essas questões levam as pessoas a se perguntarem sobre a natureza de Deus. É provável que esse seja o motivo pelo qual *A cabana*, de William P. Young, tenha vendido milhões de cópias, sendo cada cópia lida por duas ou três pessoas. Esse livro fala sobre tais questões — sobretudo sobre a natureza de Deus — de uma maneira poderosa.

A cabana me faz lembrar de uma série popular de televisão, *Touched by an Angel* [Tocado por um anjo]. Ambos mergulham nas belas águas profundas em relação a Deus, sofrimento, mal e livre-arbítrio sem fazer referência à teologia, igreja ou tradição doutrinal. E dessa forma *A cabana* também apela para a nossa cultura pós-denominacional.

Apesar de *A cabana* ser abertamente cristã, aqueles que não compartilham da fé cristã podem, e o fazem, achá-la agradável. Mas ela parece estar voltada antes de tudo para um público cristão. E, seu propósito, além de envolver um enredo surpreendentemente bom, parece ser o de corrigir certas noções populares sobre Deus e apontar aos leitores outras ideias sobre Deus. Não há dúvida de que William

Young é teologicamente treinado, mas ele esconde isso mais do que bem. O leitor não é assaltado por jargões teológicos fortes, mas docemente seduzido em uma profunda reflexão teológica.

Antes de começarmos a examinar *A cabana* em detalhes, farei uma sinopse do enredo. Se alguém não leu o livro deveria pensar em colocar este de lado e ler *A cabana* primeiro. (O que provavelmente levará apenas algumas horas. Minha mulher não conseguiu largá-lo até terminar.)

Alerta de estraga-prazeres! Vou revelar o final do livro a seguir.

Uma sinopse

O herói da história é Deus; para ser mais específico, Jesus. Mas o protagonista é Mack. E, como muitas pessoas, Mack vive com o fardo da Grande Tristeza. Ele cresceu em um lar violento, onde o pai, um homem bastante religioso, muitas vezes lhe batia com muita agressividade. Mais tarde, frequentou um seminário por algum tempo, mas não se envolveu demais com o que era ensinado ali. Uma coisa que lhe ensinaram é que Deus não fala mais; ele parou de se comunicar diretamente com as pessoas depois que a Bíblia foi escrita. Mack se casou com Nan, sua namorada. Eles moram no Oregon, Estados Unidos, e têm cinco filhos "de beleza incomum". A caçula é Missy, uma criança doce, muito querida para Mack.

Mack leva os três filhos mais novos para um acampamento nas florestas do Oregon. Enquanto Mack e os demais perdoados pelo que Jesus fez na cruz, mas que as pessoas têm de aceitar o perdão para serem beneficiadas. Ao que parece, em algum momento o pai de Mack aceitou o perdão de Deus, porque ele está entre as hostes celestiais.

No fim, Deus conduz Mack por uma longa caminhada para encontrar o corpo de Missy. Eles removem o corpo de uma caverna onde o assassino o havia colocado e o levam de volta para a cabana, onde Jesus está terminando um lindo caixão. Repousam o corpo cuidadosamente no caixão e o enterram. A esta altura, Mack aceita a morte da filha e não se sente mais furioso com Deus nem consigo mesmo. A Grande Tristeza desapareceu de seus ombros.

Mack volta de seu encontro com Deus e conta tudo para a mulher. Nan fica surpresa, mas acredita nele. Juntos e acompanhados de um policial que conheciam, eles vão até a caverna e resgatam o corpo de Missy para um funeral adequado. Tal fato desperta a questão sobre o quão real foi o encontro entre Deus e Mack. Se Deus e Mack já haviam resgatado o corpo de Missy, por que ele estava na caverna? Isso faz a experiência de Mack soar como uma visão ou um sonho. Mas aparentemente eles não são induzidos a pensar dessa forma.

A cabana parece ser verdadeira

Acredito que *A cabana* seja mais que um romance religioso; ela é uma história real. Não real no sentido de acreditar que os eventos descritos de fato aconteceram, mas que a história basicamente ajusta a experiência humana ao que a Bíblia diz.

À semelhança das parábolas de Jesus, como a do Filho Pródigo e a do Bom Samaritano, *A cabana* está nos ensinando algo. Ela pretende nos ensinar que a vida é difícil, mas que também podemos confiar em Deus. Ensina-nos algo sobre a natureza de Deus e seu relacionamento com um mundo de dor e sofrimento. Talvez pretenda nos ensinar que a vida é arbitrária, mas Deus não é. Coisas muito ruins acontecem para todo mundo, mas Deus não está nos abandonando, e mesmo em meio à pior dor imaginável ele está com aqueles que sofrem.

Por que penso que *A cabana* tenha algo importante a ensinar? O livro é verossímil com a minha própria experiência. Senti uma Grande Tristeza em minha vida, e julguei Deus quando insisti em saber onde ele estava. Mas Deus tem sido bom para mim mesmo assim e gentilmente me conduziu para fora da noite escura da alma — muitas vezes! Uma vez, ele fez isso quando falou diretamente comigo: tive uma conversa com Deus.

Também fui maltratado pelo meu pai. Ele era um pastor, e todos o consideravam um maravilhoso homem de Deus. Mas eu o conheci melhor. Era um homem mau, pelo menos em seus últimos anos. Ele não me batia, mas podia bem ter batido. Dizia coisas terríveis, degradantes e humilhantes, que resultavam em rejeição. Até me pediu para sair de sua vida e deixá-lo só, quando tentei intervir para evitar que fosse para a prisão. Ele acabou na prisão, apesar de todas as minhas advertências. E *me culpava*, embora eu nada tivesse a ver com seus problemas. Os problemas e a violência do meu pai aconteceram alternadamente por um período de quase vinte e cinco anos, o que levou à dissolução total da minha família de origem. Fiquei tão despedaçado que quase perdi a fé em Deus. Comecei a duvidar da bondade de Deus e de seu envolvimento em minha vida. Por que ele estava deixando essas coisas acontecerem comigo e com minha família? Eu me via em conflito sobretudo porque meu pai e eu ministrávamos juntos; por alguns anos fui seu pastor-assistente. Confiava plenamente nele. De algum modo, ele representava Deus para mim. E se revelou pior do que um completo hipócrita.

Não estou comparando minha experiência com a de Mack. Só posso imaginar como era a Grande Tristeza de Mack. Apenas imagino o que sente uma pessoa que teve um filho sequestrado ou assassinado. Entretanto, tenho uma vaga ideia, porque, quando nossa filha tinha quatro anos, pensamos que ela havia sido sequestrada e aqueles dez minutos foram os mais horríveis da minha vida. Fiquei transtornado. E soube intuitiva e imediatamente que, se ela tivesse sido sequestrada, eu jamais me perdoaria ou apreciaria a vida outra vez. Conforme se constatou depois, ela saiu do pátio do nosso prédio e entrou no estacionamento, onde se escondeu atrás de uma caçamba de lixo. Ela observava enquanto eu corria para todo lado, chamando seu nome. Por alguma razão, ficou com medo de aparecer. Voltando ao prédio, esmurrei as portas e implorei ajuda para localizá-la. Por fim, desesperançado, porque estava absolutamente certo de que ela se fora, peguei o telefone e chamei a polícia. Nisso, um homem — que mais parecia um bandido de bicicleta, o tipo de pessoa que atravessamos a rua para não encontrar

— entrou no prédio carregando minha filha e perguntando em voz alta: "Esta garotinha é de alguém?" Não me lembro de nada que aconteceu depois. Nem sei se lhe agradeci. De alguma forma, peguei-a dos braços dele e a levei para nosso apartamento.

Agradeço a Deus por salvar nossa filha e fazer com que fosse encontrada por uma pessoa desse tipo. Apesar de esse evento não ter me aniquilado, posso imaginar o que Mack experimentou.

As palavras e as ações do meu pai, todavia, me aniquilaram. Romperam meu espírito. Fui vivendo por viver. Noite após noite, tive sonhos horríveis, de medo, de raiva e de confusão. Então, um dia, enquanto estava caminhando e orando (sim, eu orava, mesmo enquanto duvidava e questionava), Deus interveio. De forma inesperada, sem qualquer preparativo ou aviso, Deus falou em minha vida. Intuitivamente, eu sabia que era ele. Não escutei nenhuma voz audível, mas não precisava escutar. Não quero entrar em detalhes; basta dizer que o evento e as suas consequências me convenceram de que Deus ainda era muito real e estava na minha vida.

Assim, quando li a história de Mack, não achei difícil acreditar nela. Sei que Deus fala com as pessoas hoje. E sei o que é sentir a Grande Tristeza. E as coisas que Deus disse para Mack, em sua maioria, soam muito parecidas com aquilo em que acredito a partir das minhas leituras da Bíblia e da minha experiência com a misericórdia de Deus.

Aprendendo a confiar em Deus

É nisto que acredito em relação à *Cabana*: o autor, William P. Young, ou alguém muito próximo a ele, experimentou um evento terrível, indescritivelmente ruim. Ele frequentou um seminário, mas isso não o preparou para o que aconteceu. Sua confiança em Deus foi destruída, mas ele tentou desesperadamente agarrar-se a Deus, não imaginando que Deus estava agarrado a ele. Tentou esconder a Grande Tristeza, mas sua mulher e algumas pessoas podiam vê-la. Não sabiam o que fazer por ele.

Então Deus interveio. Não sei exatamente como, é claro, mas algo aconteceu para esse homem que o levou a uma nova consciência da natureza de Deus e de seus caminhos. Isso renovou sua confiança em Deus e lhe garantiu que, independentemente do quão terrível tenha sido o evento por trás da Grande Tristeza, algo bom adviria dele.

Ainda não sei que benefício poderia advir do que aconteceu com a minha família. Tampouco Mack. Nós dois simplesmente conhecemos Deus de uma nova maneira, descobrimos que Deus sabe o que está fazendo e, assim, confiamos nele. Não quero dizer que Deus planeja o mal ou o sofrimento e o inflige a nós. Não é essa a mensagem do livro nem é essa a moral da história da minha vida. Ao contrário, Deus sabe por que permite que coisas ruins aconteçam, e ele não se afasta de nós quando acontecem. Mas Deus pode trazer coisas boas a partir delas, embora os eventos ruins em si não sejam bons.

Creio que existem tais verdades incríveis em *A cabana*, das quais Deus pode se utilizar para remover a nossa Grande

Tristeza. Essa é a sua finalidade. O autor certamente escreveu o livro com a esperança de que, por meio dele, Deus curaria as feridas da desconfiança e traria alguns leitores de volta para si.

A cabana e a Bíblia

A cabana transmite grandes verdades sobre Deus tanto bíblicas quanto experienciais. Mas discordo de alguns elementos da história. Em vários trechos, tropecei em alguns detalhes que não parecem se adequar à natureza do livro. Para outros elementos, entretanto, peço retificação. Questiono algumas coisas que Young pôs na boca de Deus, acreditando que elas poderiam levar à heresia se tomadas em um grau extremo. Não penso que isso arruíne completamente o livro, mas elas precisam de um ponto de interrogação em cima. Se as pusermos entre parênteses e as deixarmos de lado, podemos nos beneficiar da história como um todo.

A abordagem que faço neste livro se concentra em alguns dos temas principais de *A cabana*. A pergunta que dá título aos capítulos em geral oferece um trampolim para os diversos tópicos-chave. E, como teólogo, evitar usar as ideias e os eventos de *A cabana* para concentrar a atenção em uma doutrina correta. Quero examinar o porquê de algumas ideias controversas do texto serem corretas e outras não.

Mas qual critério eu uso para resolver o que é ou não teologicamente correto naquilo que Deus diz a Mack em *A cabana*? Não folheio a Bíblia e extraio dela uns versos isolados (como provas textuais) para provar um argumento.

Isso raramente funciona, pois outra pessoa pode muito bem encontrar versículos que contradigam tal evidência. Nem sempre podemos compreender a límpida e inequívoca mente de Deus compilando listas de versículos. Creio que a Bíblia fala como um todo, mesmo quando existem notas aparentemente contrárias. É como a apresentação do coro. Pode haver vozes fora do tom, embora a melodia seja límpida.

Quem é o Deus da Bíblia? Penso que Jesus seja o nosso melhor indício da identidade e da natureza de Deus, mesmo que Jesus não seja o Deus *todo*. Muitas vezes irei recorrer a uma visão panorâmica da Bíblia como critério de discernimento ao examinar uma afirmação específica de *A cabana*. Argumentarei que, em alguns casos, o que Deus diz em *A cabana* não condiz com a visão da Bíblia. Ao mesmo tempo, apesar de nunca citar a Bíblia, *A cabana* é claramente apoiada em uma visão holística do Deus da Bíblia e expressa isso nas palavras de Deus para Mack.

capítulo dois

Onde está Deus no sofrimento sem sentido e no sofrimento inocente?

Todos nós já ouvimos alguém dizer "Deus sabe o que faz" ou "Foi a vontade de Deus" quando uma calamidade terrível recai sobre uma pessoa. Quando se trata da morte indolor de um cristão, tais declarações *podem* fazer sentido. Mas o que dizer da morte horrível, angustiante e lenta de uma criança com leucemia? Ou da morte por estupro e violência? Nesses casos, tais respostas superficiais não ajudam, e *A cabana* nega a verdade delas e oferece uma imagem do envolvimento de Deus que é plausível, reconfortante e bíblica ao mesmo tempo.

O problema do mal

Com o passar dos tempos, as pessoas têm ponderado sobre a natureza de Deus e o problema do mal: se Deus é perfeitamente bom e perfeitamente poderoso, ele deveria desejar e poderia interromper o mal. Mas o mal continua. Portanto, Deus não é perfeitamente bom, nem perfeitamente poderoso, ou ele não existe. Alguns chamam isso de "a rocha do ateísmo", pois durante o século XX a própria existência de Deus tem sido amplamente questionada, devido ao peso abrupto de males horrendos.

A cabana aborda o problema do mal de frente. Uma coisa é perguntar-se sobre o mal de forma abstrata, e outra, completamente diferente, é encarar uma calamidade em uma pessoa e conciliá-la com a bondade e o poder de Deus. Mack permite que sua indignação com o assassinato de Missy penetre profundamente em seu ser. Não o censuro. Mas tenho ouvido pregadores dizerem que, seja o que for que aconteça conosco, deveríamos agradecer a Deus, pois faz parte de seu grande plano de ocasionar um bem maior para sua própria glória. Isso me dá arrepios na espinha. Fico pensando se esses pregadores sentiram o horror de uma perda como a de Mack.

Devo admitir, entretanto, que conheci um homem que experimentou uma perda horrenda e a viu como algo bom. Era um cristão evangélico que pregava na capela da faculdade em que eu dava aula. Deus, ele dizia, matou seu filho em um acidente durante uma escalada, e somente a crença de que foi Deus que tirou a vida de seu filho lhe dava esperanças e o afastava do desespero. Deus só tira uma vida com algum motivo. Desse modo, a morte do seu filho não fora aleatória, mas planejada e perfeitamente executada.

Mas, e se a morte do seu filho tivesse sido lenta e angustiante? E se seu filho fosse sequestrado e morto por um assassino sádico? Deus planejaria e causaria tais coisas horríveis? *A cabana* usa o pior cenário possível porque ele acontece. E, quando acontece, onde está Deus?

Alguns anos após ter presenciado o sermão "Deus matou meu filho", ouvi um filósofo cristão conversar sobre a morte do filho dele. (O filósofo era ordenado em uma denominação que ensina a providência meticulosa de Deus — aconteça o que acontecer, foi planejado e causado por Deus por um bem maior.) Ao lado do túmulo do seu pequeno filho, ele pensava: "Nunca mais direi a um pai cujo filho morreu: 'Foi a vontade de Deus'." Suponho, pois não posso afirmar com certeza que o garoto sofreu enquanto morria.

A decepção com Deus

A Grande Tristeza de Mack é compreensível. Assim como sua decepção com Deus. Mack pergunta para Deus: "Por que você deixou que isso acontecesse?" (p. 69). Mais tarde, acusa Deus dizendo: "Se você não foi capaz de cuidar de Missy, como posso confiar que cuide de mim?" (p. 82). E então ele faz a acusação mais poderosa de todas: "A culpa é Deus!" (p. 148). O que pode rechaçar com horror. Como um mero mortal ousa acusar Deus de algo! Mas os Salmos estão cheios desse tipo de acusação. O salmista ataca Deus com palavras furiosas no Salmo 77. Sim, ele sempre se recupera para expressar confiança na bondade de Deus, mas claramente há momentos em que ele cai no desespero.

No meio de uma crise horrível e da consequente noite escura da alma, a resposta de Mack é normal, visto que ele foi ensinado que Deus está no comando. *A cabana* retrata Mack como um homem comum. Nem é santo nem é um pecador extraordinário. Ele é nós. O choro angustiado e a acusação que Mack faz a Deus são simplesmente humanos.

O autor de *A cabana* acredita que iremos sentir empatia com Mack e quer que saibamos que é bom nos sentirmos frustrados ou mesmo furiosos com Deus, contanto que não se torne uma condição permanente para nós. O propósito do livro é nos dar esperanças tais sobre a bondade de Deus que nos ergam do desespero. Mas primeiro vem a Grande Tristeza, incluindo a raiva de Deus. E é bom, mesmo que não seja uma boa condição permanente.

Estou certo de que alguns leitores acreditam que seja sempre errado questionar Deus ou ficar furioso com ele. Mas e Jó? É verdade, Jó se recusa a maldizer a Deus, como sugere sua mulher, mesmo estando coberto de pústulas e todos os seus filhos e filhas mortos. A moral da história é que nunca devemos questionar Deus. Não. Uma coisa é maldizer a Deus e outra é questionar ou sentir raiva dele. Deus não pune Jó por sua raiva, mas responde a ele e seus amigos de dentro da tempestade. Deus simplesmente diz: "Você não conhece a mim nem a meus métodos."

A cabana diz isso também. Deus fala para Mack diversas vezes que talvez ele não possa entender seus próprios métodos. Deus também oferece um tipo de explicação sobre si mesmo a Mack, e volta o dedo acusador para Mack e toda a humanidade. (Irei explorar esse assunto com mais detalhes no capítulo cinco.) Mas os sentimentos de Mack, apesar de injustificados, são compreensíveis, e Deus não deseja nos punir por quaisquer desses sentimentos. A mensagem de *A cabana* é a de que não precisamos permanecer presos a esses sentimentos de raiva para com Deus.

Deus sofre conosco

Onde está Deus quando estamos sofrendo ou quando as pessoas que amamos sofrem? De acordo com *A cabana*, Deus está sofrendo junto conosco. O Deus de *A cabana* é muito diferente do Deus da religião popular e do teísmo clássico. O teísmo clássico é a descrição altamente filosófica de Deus encontrada em muitos livros de teologia e doutrina. Em geral, Deus é descrito como incapaz de mudar (imutável) e incapaz de sofrer (impassível). É claro que Deus é imutável no sentido de que ninguém nem nada consegue forçá-lo a mudar. E Deus é impassível no sentido de que nada pode causar sofrimento a Deus. Mas não é isso que os livros de teologia querem dizer com esses termos.

O Deus da grande teologia não é passional, embora o Deus da Bíblia seja; o Deus da grande teologia não pode sofrer, embora o Deus da Bíblia sofra com sua gente. Acreditamos mesmo que Deus não sofreu quando seu Filho morreu na cruz? Qual pai veria seu filho morrer nesse tipo de execução cruel e não sofreria?

William Young parece ter aprendido com alguns pensadores cristãos contemporâneos que sugerem que o Deus da filosofia não é o Deus de Abraão, Isaque e Jacó — ou Jesus. O autor quer que pensemos em Deus como um pai perfeito. Certamente Deus é mais poderoso do que qualquer pai, mas ele não sente menos do que sente um bom pai. Pode ser que haja um sentido filosófico em dizer que Deus não pode sofrer, mas não faz sentido do ponto de vista bíblico.

Onde estava Deus quando Missy foi sequestrada e morta? Em *A cabana* Deus diz: "Nós [Pai, Filho e Espírito Santo] não a deixamos sequer por um instante" (p. 160). Deus não explica de que maneira estava com ela, mas isso não importa. Ajuda Mack o fato de saber que ela não sofreu nem morreu sozinha. O maior amor, a presença mais poderosa do mundo estava com ela e certamente suportou o sofrimento ao lado dela.

Deus diz a Mack: "Papai [Deus] se arrastou para dentro de seu mundo para estar com vocês" (p. 152). O Deus de *A cabana* não é uma deidade distante e controladora que nos inflige dor por um bem maior sem senti-la em si mesmo; Deus está bem aqui conosco como qualquer bom pai estaria. (Não concordo com alguns aspectos da corporificação de Papai, que examinarei no capítulo três.)

Quando eu tinha 10 anos, passei boa parte do verão no hospital. Disseram-me que eu poderia morrer se não ficasse em repouso total. Sentia como se uma almofada de alfinetes cheia de agulhas estivesse cravada em mim. E as minhas articulações doíam muito! Tive um caso muito ruim de febre reumática. Mas até a minha madrasta bastante imperfeita, que não tinha aviado a receita do médico com penicilina para a minha faringite infecciosa uma semana antes de eu adoecer da febre reumática, veio ao hospital e ficou comigo por horas e horas. Ela leu para mim, conversou e foi uma presença reconfortante que permaneceu ali, sentada. Creio que ela estivesse suportando um pouco do meu sofrimento por mim. Fiquei emocionalmente e talvez até mesmo fisicamente melhor por causa da sua atitude abnegada de permanecer ao lado da minha cama. E certamente Deus é um pai melhor do que a minha madrasta!

No livro *A noite*, Elie Wiesel relata uma execução em um campo de concentração nazista durante a Segunda Guerra Mundial. Os prisioneiros foram forçados a observar um garoto jovem sendo enforcado. Estava tão magro que o peso do corpo não quebrou seu pescoço, e assim ele morreu lentamente por asfixia. Enquanto o garoto sofria com o estrangulamento, um prisioneiro gritou: "Onde está Deus?" Uma voz da multidão respondeu: "Bem ali, naquela forca." Se Deus não pode sofrer, não há resposta adequada. Por que Deus não estaria na forca ou com Missy quando ela foi assassinada? Onde mais Deus estaria se ele é um pai perfeito?

O mal e o livre-arbítrio

Essa não a história toda. Se fosse, ofereceria pouca esperança. Um filósofo definiu Deus como "o companheiro de sofrimento que compreende". Não é muito melhor do que o Deus que não pode sentir nossa dor. Mas essas não são as únicas opções. Em *A cabana*, Deus explica a Mack que não havia nada que ele pudesse fazer para impedir o sofrimento e a morte de Missy.

Antes de tentar entender por que Deus disse isso, precisamos dar uma olhada na condição humana. Este mundo, de acordo com *A cabana*, está perturbado e arruinado. Este não é um lugar agradável. É um mundo onde malfeitores, como o "Matador de Meninas" que sequestrou Missy, caçam, estupram e matam crianças. É um mundo de pecado e de maldade. Mas Deus *planejou* isso dessa forma? Deus fez com que acontecesse dessa forma? Muito enfaticamente, não. O mal, o Deus de *A cabana* diz a Mack, está aqui por causa da "vontade de poder e independência" nos seres humanos. (O autor não menciona seres angelicais.)

A resposta de Deus para a acusação de Mack de que ele não fizera nada para impedir o destino de Missy é perfeitamente bíblica e corresponde à prática. Em Romanos 1, Paulo diz que somos seres humanos que queremos prosseguir da nossa própria maneira. Assim Deus nos permite o que leva à morte e à destruição. *A cabana* deixa claro que queremos independência de Deus, o que se resume a criarmos, nós mesmos, nossos próprios deuses. O mal não é resultado do plano ou da ação de Deus, mas da nossa rebelião. (Há mais informações sobre livre-arbítrio, pecado e mal no capítulo 4.)

Jesus conta a Mack o quanto a declaração humana de independência de Deus tem afetado o mundo todo:

> Nossa Terra é como uma criança que cresceu sem pais, não tendo ninguém para guiá-la e orientá-la... Alguns tentaram ajudá-la, mas a maioria procurou simplesmente usá-la. Os

> seres humanos, que receberam a tarefa de guiar amorosamente o mundo, em vez disso o saquearam sem qualquer consideração. E pensaram pouco nos próprios filhos, que vão herdar sua falta de amor. Por isso usam e abusam da Terra e, quando ela estremece ou reage, se ofendem e levantam os punhos contra Deus (pp. 131-2).

Em outras palavras, nossa rebelião contra Deus tem trazido uma maldição sobre a Criação. Mal, desumanidade e sofrimento inocente fazem parte dessa maldição.

Por que Deus não conserta o mundo? Por que não suspende a maldição? A resposta em *A cabana* se reduz a isto: Deus deu a Terra para nós; é por isso que ele não pode consertá-la de forma unilateral. Por enquanto Deus não viola o nosso livre-arbítrio, pois o amor não força a sua vontade sobre a dos outros (p. 132).

A resposta para o problema do mal encontrada em *A cabana* é claramente o livre-arbítrio. Deus ama tanto a raça humana que nos deus a opção de amá-lo ou não. Nós preferimos declarar livremente nossa independência de Deus. Vemos os resultados nos jornais diários. Tudo isso é nossa ação, não a de Deus. Mas Deus não está ausente. Com misericórdia, ele permanece conosco e trabalha para trazer coisas boas a partir do mal que fazemos, esperando que percebamos nossa necessidade dele e que comecemos a confiar nele em vez de em nós mesmos.

Em uma das mais poderosas declarações de *A cabana*, Sophia, uma personificação da sabedoria de Papai, que Deus não impede muitas coisas que podem causar dor e sofrimento, mesmo que tais coisas lhe causassem dor e sofrimento também. Insistimos em ter a nossa independência, e agora sentimos raiva de Deus por nos amar o suficiente para nos dar o que exigimos. Sophia explica para Mack que nesse momento nada é como deveria ser, o mundo está seriamente deturpado, mas será endireitado um dia. Neste mundo caído, perdido na escuridão e no caos, coisas horríveis acontecem com aqueles de quem Deus gosta especialmente. Mack contesta com energia: "Então, por que ele não faz algo a respeito?" Sophia replica: "Ele escolheu o caminho da cruz, onde a misericórdia triunfa sobre a justiça por causa do amor" (p. 151).

Em outras palavras, Deus tem o poder de impedir todo mal e sofrimento, mas isso requereria tomar de volta o presente do livre-arbítrio. Por ora, pelo menos, Deus está respeitando nossa pretensão de independência, e está usando seu poder de amor e misericórdia para nos levar de volta a ele. Se ele impedisse unilateralmente todo o mal, as pessoas não seriam livres.

O mal é um mistério que podemos nunca compreender plenamente. E o livre-arbítrio não representa a palavra final sobre o envolvimento de Deus neste mundo. Na verdade, Deus às vezes interfere para prevenir ou interromper atos maus; porém, com mais frequência, ele não o faz. Deus conversa com Mack sobre as razões que estão embutidas nas particularidades de cada situação, as quais provavelmente não conseguiríamos entender (p. 114). *A cabana* sugere que Deus age voluntariamente de acordo com certas regras que regem o quanto e com que frequência ele pode interferir sem violar nosso livre-arbítrio.

A resposta final para o sofrimento é esperança. Ao longo do livro, Deus aponta seguidamente para o futuro. Por exemplo, ele diz a Mack: "Se você ao menos pudesse ver como tudo isso terminará e o que alcançaremos sem violar qualquer vontade humana, entenderia. Um dia entenderá" (p. 115). Deus diz a Mack que não existe justificação para o mal, apenas redenção.

A proposta da cabana para compreender o envolvimento de Deus no mal é a única que de fato dá esperança e mostra o sentido da história de Jesus. Embora existam passagens das Escrituras que se referem a Deus trazendo desastres sobre a humanidade (Isaías 45:7), precisamos interpretar tais passagens do Antigo Testamento à luz de Jesus, que é a nossa melhor pista sobre a natureza de Deus. Sim, Deus permite calamidades e sofrimento inocente, mas conseguimos imaginar Jesus planejando o assassinato de uma criança e o fazendo acontecer? Penso que não.

A explicação de *A cabana* sobre o problema do mal e do sofrimento vai muito longe, me assegurando a bondade de Deus. Como o autor de *A cabana*, acredito em um Deus que limita seu poder em benefício do nosso livre-arbítrio, não em um Deus que planeja secretamente o assassinato de crianças. Por quê? Não porque me consola, mas porque se encaixa com a história de Jesus, que revela perfeitamente a natureza de Deus.

Uma proposta do tipo "tudo ou nada"?

Não estou convencido, entretanto, de que Deus nunca viola o livre-arbítrio humano. Concordo que Deus não possa impedir unilateralmente todo o mal sem impedir ao mesmo tempo muito do bem. Deus nos deu o presente terrível do livre-arbítrio e não o tomou de volta — ainda. Ele tem suas razões e um dia as revelará a nós. Às vezes, Deus parece anular o livre-arbítrio. Por exemplo, Paulo estava viajando a Damasco para matar cristãos quando Deus o derrubou do cavalo e se revelou a Paulo de forma tão poderosa que esse homem ruim não poderia continuar. Paulo foi convertido em um apóstolo do Senhor Jesus Cristo (Atos dos Apóstolos 9). Parece-me que Deus violou o livre-arbítrio de Paulo. Mas talvez o autor de *A cabana* dissesse que Deus persuadiu poderosamente Paulo sem violar seu livre-arbítrio. Mesmo assim, não tenho certeza absoluta de que Deus às vezes não força as pessoas a fazerem o bem. De qualquer forma, estou certo de que o Deus de Jesus nunca coagiria alguém a fazer o mal.

Eu também me pergunto como Deus poderia pôr um fim no mal e redimir este mundo sem violar algumas vontades. Concordo com o autor de *A cabana*, entretanto, que normalmente Deus não motiva as pessoas a fazerem o bem ou o mal; ele apenas permite o mal e incentiva a bondade. Essa é a imagem de Deus que obtenho observando Jesus.

capítulo três

Deus é de fato uma família de três?

Vários aspectos da aparência de Deus em *A cabana* inevitavelmente irão chocar, confundir e talvez até assustar alguns leitores, sobretudo aqueles aprofundados na doutrina cristã tradicional — os ensinamentos oficiais da igreja católica e da protestante. Cresci em uma igreja que não era extraordinária em doutrina; nos deleitávamos em sentimentos e emoções. Mas conhecíamos as linhas gerais do que muitos cristãos acreditam. Lembro-me, por exemplo, de uma amiga de escola que era membro de uma igreja que estava fora da corrente principal do Cristianismo. Essa igreja ensina que Deus é "três personagens distintas". Para nós soava como a heresia do triteísmo — crença em três deuses.

Outros amigos pertenciam a uma ala pentecostal que negavam a Trindade. A igreja deles ensinava que Jesus é o Pai, o Filho e o Espírito Santo. Eles acreditavam que Deus às vezes aparece como Pai, às vezes aparece como Filho e às vezes aparece como Espírito Santo, mas Deus não é simultaneamente todos os três. E quando Deus aparece na forma humana, ele é Jesus. Para nós, soava como a heresia do modalismo: Pai, Filho e Espírito Santo são três modos de Deus, que é uma pessoa.

Sabíamos em que não acreditávamos, mas nem sempre estávamos certo daquilo em que acreditávamos. E, conforme cresci, imaginei que fora ensinado sobre os muitos aspectos diferentes de Deus em minha igreja, e alguns deles contradiziam um ao outro e à Bíblia. Alguns dos meus professores da escola dominical tendiam ao triteísmo enquanto outros tendiam ao modalismo. Mas nossa igreja oficialmente acreditava na doutrina tradicional da Trindade, estabelecida pelo Concílio de Niceia no ano 325 da era cristã, a qual ensina que Deus é uma substância divina e três pessoas distintas — um "que" e três "quem".

Retratos de Deus

Estou certo de que muitos leitores acham os retratos de Deus de *A cabana* um tanto surpreendentes. Isso tem feito muitos pastores e teólogos conservadores rejeitarem o livro como heresia. Mas eu não concordo. Após uma reflexão cuidadosa, julguei ser essencialmente bíblico, ortodoxo e até bastante útil retratar aquilo que não pode ser retratado. No entanto, também gostaria de alertar sobre eventuais erros de interpretação e algumas falhas. *A cabana* não é um livro de teologia sistemática ou de doutrina ortodoxa; é uma história — como as parábolas de Jesus — que pretende transmitir uma mensagem sobre Deus. Em suas parábolas, Jesus retratava Deus como uma mulher procurando uma moeda perdida, como um proprietário de terras que envia o filho para controlar os inquilinos e como um pastor procurando uma ovelha perdida. Essas imagens de Deus são heréticas? Apenas se as tomarmos muito literalmente. Assim, ainda que tomemos *A cabana* com seriedade, não o vamos fazer tão literalmente.

Vamos dar início à nossa análise da descrição de Deus em *A cabana* com os aspectos mais elementares — quem e o que é Deus. Então, passaremos aos detalhes. Ao longo do caminho, irei mencionar facetas que julgo serem corretas bíblica e teologicamente, e outras que podem ser enganosas.

Todos nós queremos saber como Deus se parece. A Bíblia nos dá muitas imagens de Deus. Vejamos:

- Yaveh (às vezes erroneamente traduzido como "Jeová"), o Deus guerreiro do Antigo Testamento;
- o Pastor amoroso do Salmo 23;
- a Sabedoria personificada em Provérbios;
- o Anjo do Senhor que se mostra para as pessoas ao longo do Antigo Testamento parece ser o próprio Deus;
- o Pai de Jesus Cristo, que é também nosso Pai (em um sentido diferente);

- as muitas faces de Deus nas parábolas de Jesus, incluindo o pai que espera pelo filho pródigo;
- o Espírito que se movimentou através da face das águas na história da Criação de Gênesis, a pomba que desceu sobre Jesus em seu batismo, as línguas de fogo pousando sobre os discípulos no dia de Pentecoste e o "conselheiro" ou "advogado" enviado por Jesus;
- o rei que retorna em Apocalipse, que vem à terra para derrotar os inimigos de Deus e estabelecer seu reino eterno.

Esses são apenas alguns dos retratos bíblicos de Deus. A teologia tradicional tem tentado unificar tais imagens em uns poucos conceitos básicos. Às vezes, a filosofia tem influenciado esse esforço de formas tanto boas quanto más. Mas Blaise Pascal, matemático francês e pensador cristão, observa bem que o Deus dos filósofos não é o Deus de Abraão, Isaque e Jacó. Estou certo de que ele estava pensando sobre alguns dos retratos pouco úteis de Deus na teologia cristã. Na realidade, a Bíblia diz apenas duas vezes que "Deus é" algo: "Deus é espírito" (João 4:24) e "Deus é amor" (1 João 4:8-16). Penso que seja melhor começar com tais declarações claras e permitir que elas governem nosso pensamento sobre Deus.

Deus como um Espírito amoroso

Iremos, então, começar com Deus como Espírito amoroso e em seguida prosseguir pelas demais formas como Deus é identificado nas Escrituras. Essas definições bíblicas de Deus subjazem a muitos retratos de Deus em *A cabana*. Por exemplo, Deus explica para Mack que o amor, no qual Deus é perfeito, não pode existir sozinho. O amor requer relacionamento. Mas se Deus é um ser solitário, ele não poderia ser o amor perfeito em si mesmo. Deus criou o mundo para conceder-se algo para amar? A Criação, então, não seria o ato livre de Deus, porque Deus precisa do mundo. E, se o ato criativo de Deus não é livre, não é uma obra da graça. No fim das contas, o mundo limitaria Deus.

Em vez disso, o amor de Deus indica que Deus é mais do que um ser amoroso. Essa ideia, que é bíblica e teologicamente legítima, é fundamental para *A cabana*. Papai, Jesus e Sarayu amam eternamente uns aos outros.

Segundo, *A cabana* se empenha para fazer justiça à verdade bíblica de que Deus é espírito. Com *espírito* não pretendo apenas me referir à terceira pessoa da Trindade: o Espírito Santo. Só quero dizer que, como a própria natureza de Deus é amor, então a sua própria natureza é espírito. *A cabana* expressa essa verdade bíblica aparentemente abstrata quando Deus diz a Mack: "Eu sou um verbo" (p. 190). Vamos investigar o que isso significa.

Muitas vezes pensamos em Deus como um objeto. *A cabana* retrata Deus como três pessoas distintas. Mas por trás do conjunto de imagens Deus é "vivo, dinâmico, sempre ativo e em movimento" (p. 190). Em outras palavras, Deus não pode ser definido como uma borboleta morta exibida em um quadro. Essa é uma forma de dizer que "Deus é espírito". Ao contrário das coisas criadas, Deus não pode ser medido, dissecado, analisado, definido ou controlado. Sim, Deus é individual. Mas não da mesma forma que um humano é individual. Um ser humano é também um objeto.

Deus como espírito está no centro da mensagem de *A cabana* sobre Deus. Mack conhece Deus como uma alegre mulher negra, como um simpático carpinteiro e como uma delicada mulher asiática. Pode ser tentador pensar que Deus é literalmente esses seres humanos. O autor é cuidadoso em negar isso; esses seres são apenas aparências de Deus para Mack — como as imagens de Deus nas parábolas de Jesus.

O que é Deus por detrás das aparências? Espírito e amor. Uma comunhão dinâmica e amorosa que transcende todas as nossas categorias terrenas. Nunca seremos exatamente como Deus, mas, por sermos todos criados à imagem e semelhança de Deus, também podemos começar a experimentar uma comunhão amorosa com Deus e os demais.

De modo algum Deus se parece com as concepções comuns que fazemos dele. Em seu ser essencial, Deus não é como Gandalf, de *O senhor dos anéis*, nem como o personagem de Morgan Freeman no filme *Todo-poderoso*. Apesar de ter sido educado em um seminário, Mack, como muitos de nós, gosta de pensar em Deus como uma figura sentimental, como seria um avô, ou como um juiz rigoroso e punitivo. *A cabana* pretende corrigir nossas imagens populares de Deus e substituí-las por imagens mais bíblicas. Ao contrário da maioria das nossas projeções sobre Deus (por exemplo, nosso pai ideal projetado no céu), em si mesmo Deus está livre de todas essas características humanas.

Grande e bom, de modo incomensurável

Mas *A cabana* não retrata Deus em sua própria existência como ser humano — até mesmo como três seres humanos? Uma leitura atenta do livro desmente essa interpretação. O livro nos informa de um modo cauteloso que Deus não é como aquelas aparências, exceto nos termos de sua natureza.

Assim, para sermos justos precisamos reconhecer que *A cabana* não retrata a natureza divina de Deus como sendo semelhante à natureza humana. Deus diz a Mack, e a nós: "Não sou quem você acha" (p. 87). Deus é maior do que podemos imaginar. Além disso, Deus diz: "Por natureza, sou completamente ilimitado, sem amarras" (p. 89).

Alguns leitores, incluindo os céticos e excessivamente críticos estudiosos de teologia, sem dúvida sentirão falta dessas admoestações claras e frequentes a Mack. William Young sai do seu caminho para negar que o retrato que faz de Deus como três pessoas distintas é uma descrição do verdadeiro ser de Deus. Deus não é humano — exceto pela encarnação do Filho de Deus em Jesus Cristo. Deus é transcendente. Deus é espírito. Um verbo. Completamente diferente de qualquer criatura. Nada poderia ficar mais claro em *A cabana*. E é certo e legítimo. Afinal, o livro de Isaías do Antigo Testamento nos diz que os caminhos de Deus não são os nossos caminhos e os seus pensamentos não são os nossos pensamentos (Isaías 55:8).

Isso não quer dizer que o retrato de Deus em *A cabana* não seja verdadeiro e útil. Longe disso. Young claramente quer mudar a imagem que temos de Deus. Ele quer evitar que pensemos sobre Deus como um homem com uma longa barba branca, sentado em um trono, esperando que façamos algo errado para que possa nos julgar. Porém, Deus também não é aquela figura do avô cujo amor por nós é tão cego que nos perdoa seja o que for que fizermos. O autor quer nos mostrar que essas imagens comuns de Deus estão erradas.

Por outro lado, Deus não é tão diferente a ponto de não podermos ter um relacionamento pessoal com ele. William Young quer nos fazer crer que Deus, embora completamente diferente de nós, cuida muito de nós. Deus sofre conosco e por nós. Morreu uma execução cruel a fim de nos libertar do mal. Em outras palavras, o Deus de *A cabana* é grande e bom, de modo incomensurável. No momento em que julgamos haver capturado Deus em uma imagem humana, devemos compreender que ele é muito superior a isso. Mas no momento em que pensarmos que Deus é grande demais para um relacionamento, devemos compreender que ele é bom demais para vivê-lo aqui.

Então, o que podemos saber e compreender em relação a Deus de acordo com *A cabana*?

O retrato que o romance faz de Deus é em relação à sua natureza, não sua natureza divina, que está além da compreensão. Mack se ressente com Deus e não confia nele por causa dos graves equívocos sobre quem é Deus e o que ele tem a ver com o mal. Deus aparece para Mack sob a forma de uma mulher negra, um jovem carpinteiro e uma delicada mulher asiática, a fim de revelar sua verdadeira natureza. E isso muda os conceitos de Mack sobre Deus: "Nada do que estudara na escola dominical da igreja estava ajudando" (p. 81).

Um grande mistério

De acordo com *A cabana*, Deus é uma comunhão de três pessoas distintas, mas nunca separadas. Deus é um ser em três pessoas unidas de modo inseparável em perfeito amor. Se Mack fosse como muitos cristãos americanos, mesmo com formação seminarista, ele provavelmente pensaria em Deus como uma pessoa com três aspectos ou modos de aparecer. Ou talvez como uma pessoa com múltiplas facetas de personalidade. Quando Agostinho, um dos pais da Igreja na Antiguidade, escreveu Sobre a Trindade, ele elevou a unidade de Deus acima da trindade e relegou suas funções à trindade. Para Agostinho e para muitos teólogos ocidentais desde então, a trindade de Deus é comparável à memória, à compreensão e à vontade humanas — três funções distintas de um único ser.

A cabana faz uma abordagem diferente. Começa com a trindade de Deus. Em primeiro lugar, Deus aparece para Mack como "uma negra enorme e sorridente" — Papai, ou o Pai. Então Deus aparece para Mack como "uma mulher pequena, claramente asiática" — o Espírito Santo. Então Deus aparece para Mack como um homem "do Oriente Médio [que] se vestia como um operário, com cinto de ferramentas e luvas" — Jesus. Mas os três deixam absolutamente claro para Mack que, apesar de serem três pessoas distintas, são também uma só. Um Deus.

Como muitos de nós, Mack quer entender o mistério da unidade e da trindade de Deus. Quando ele lhes pergunta: "Então qual de vocês é Deus?", os três respondem em uníssono: "Eu [sou]."

Isso é significativo, é claro, porque no Antigo Testamento Deus identificou seu nome como "Eu sou". A mensagem é que os três são igualmente Deus. Assim Mack observa: "Que diferença faz o fato de haver três de vocês e que todos sejam um só Deus?" (p. 91). Deus, o Pai, pacientemente explica: "Não somos três deuses e não estamos falando de um deus com três atitudes, como um homem que é marido, pai e trabalhador. Sou um só Deus e sou três pessoas, e cada uma das três é total e inteiramente o um" (p. 91). O autor de *A cabana* parece abraçar o que é chamado de "analogia social" para a Trindade, que retrata Deus como uma comunidade unida que está além de qualquer coisa que podemos experimentar em comunidade. Mack fica perplexo, e Deus responde que esse é um mistério que os seres humanos jamais irão compreender plenamente.

Mas Deus não nos deixa em suspense. William Young acredita que é importante para nós imaginar Deus como uma comunhão amorosa de pessoas divinas. Sem comunhão, o amor e o relacionamento não fariam parte de quem Deus é. Deus fala para Mack: "Todo amor e relacionamento *só* são possíveis para vocês porque já existem dentro de Mim, dentro do próprio Deus. O amor *não* é a limitação. O amor *é* o voo. Eu *sou* o amor" (p. 91). Claramente Young não quer que descartemos a Trindade como se ela não passasse de uma numerologia cósmica ou de um mistério impenetrável. Ela *é* um mistério porque não existe nada igual em nosso mundo. Mas não é um mistério tenebroso. Com base na autorrevelação de Deus para nós em Jesus Cristo e nas Escrituras, podemos saber algo sobre isso e viver de forma compatível. Esse é todo o plano de Deus para nós.

Círculo de amor

De acordo com *A cabana*, Deus é um "círculo de amor". Não existe hierarquia ou luta pelo poder em Deus. A hierarquia é um conceito humano e resultado da queda da humanidade no pecado. Quando Mack pergunta se há um "chefe" entre as três pessoas da Trindade, Deus fica um tanto confuso. Mack pergunta se as três pessoas têm uma cadeia de comando. Jesus responde: "Cadeia de comando? Isso parece medonho!" (p. 111). Deus dá uma aula para Mack (e para nós) sobre o poder: "Assim que montam uma hierarquia, vocês precisam de regras para protegê-la e administrá-la, e então precisam de leis e da aplicação das leis, e acabam criando algum tipo de cadeia de comando que destrói o relacionamento, em vez de promovê-lo" (p. 112). Deus, diz-nos Young, tem dentro de si não autoridade máxima ou hierarquia, apenas amor. A dominação é um sinal da nossa decadência e não faz parte da ordem de amor que Deus planejou, e ainda planeja, para nós. Deus quer os seres humanos em um relacionamento de igual para igual com todos os outros ao se juntarem ao círculo de amor da Trindade (p. 114).

A cabana não vai cair bem em alguns cristãos que são o povo de Deus do tipo "lei e ordem". Há alguns anos, um evangelista popular organizou seminários sobre relacionamentos que foram frequentados por milhares de pessoas. De acordo com o evangelista, Deus quer que os seres humanos permaneçam em seus lugares na cadeia de comando de Deus: o marido acima da mulher, o pai acima dos filhos, os mais velhos acima dos mais jovens e assim por diante. Toda disfunção familiar decorre do deslocamento da cadeia de comando. Mais recentemente, alguns cristãos evangélicos têm argumentado que existe uma cadeia de comando na Trindade, com o Pai acima do Filho e do Espírito Santo. E essa hierarquia se transfere para os seres humanos e, assim, os maridos governam suas respectivas mulheres. Para Young, o amor molda os relacionamentos da Trindade, não a hierarquia. O amor também nos molda quando entramos em um relacionamento correto com Deus.

Jesus e a Trindade

A cabana também discute sobre Jesus Cristo e sua cruz. Apesar de todas as três pessoas da Trindade aparecerem para Mack como seres humanos, fica claro que apenas um é humano. O Pai e Espírito Santo apenas *parecem* ser humanos e, assim, Mack pode se relacionar melhorar com eles. O carpinteiro Jesus, todavia, é tanto um ser humano quanto é Deus. Isso confunde Mack, e não só ele. Muitos de nós consideram desnorteador esse aspecto de Deus. *A cabana* faz uma tentativa para aclarar nossa confusão.

A fim de consertar a desordem criada pela independência humana, a Trindade "[arregaçou] as mangas e [entrou] no meio da bagunça. Foi o que [fez] em Jesus" (p. 89). As coisas ficam um pouco confusas quando Papai (a alegre mulher negra) fala para Mack: "Quando nós três penetramos a existência humana sob a forma do Filho de Deus, nos tornamos totalmente humanos. Também optamos por abraçar todas as limitações que isso implicava" (p. 89). O problema é a declaração de Deus de que as três pessoas penetraram na existência humana. Apenas o Filho se tornou humano; o Pai e o Espírito Santo não. É por isso que na Bíblia Jesus disse que o Pai era maior do que ele (João 14:28).

"Jesus", Deus fala para Mack, "é totalmente humano. Apesar de ele ser também totalmente Deus, *nunca* aproveitou sua natureza divina para fazer nada. Apenas viveu seu relacionamento comigo" (p. 90). Jesus é um ser humano assim como é Deus, e porque é humano ele depende inteiramente do Pai e do Espírito Santo para todas as suas obras. Em outras palavras, *A cabana* sugere, ao contrário da declaração humana de independência de Deus, que o Jesus verdadeiramente humano vive em total dependência de Deus. Sem descartar sua divindade, Jesus a rebaixa, por assim dizer, a fim de viver como uma verdadeira pessoa humana.

Os teólogos chamam isso de *kenosis* do Filho de Deus. *Kenosis* é uma palavra grega para autoesvaziamento, humilhação. Em outras palavras, o Filho eterno de Deus, que é igual ao Pai, abriu mão de seus atributos de glória em prol de viver uma vida verdadeiramente humana. É claro que *abrir mão* não significa descartar. Significa algo mais, como passar do modo ativo ao passivo. Jesus Cristo escolhe não utilizar aqueles atributos porque nós não os temos, e ele é o nosso irmão por escolha. Os teólogos que adotam essa abordagem para Jesus e a encarnação recorrem a Filipenses 2:5-11, que afirmam que o Filho de Deus não considerou que o ser igual a Deus era algo a que devia apegar-se, mas "esvaziou-se a si mesmo", tomando a forma de um servo. Nem todos os teólogos cristãos interpretam a encarnação dessa maneira, mas Young interpreta claramente. Deus nos leva tão a sério que humilha a si mesmo por nossa causa (e deveríamos fazer o mesmo pelos outros).

Young também comete um erro teológico quando faz Deus dizer a Mack que todas as três pessoas estiveram juntas na cruz quando Jesus morreu (p. 86). Mack responde para Deus: "Espere aí, eu pensei que você o tinha *abandonado*. Você sabe: 'Meu Deus, meu Deus, por que me abandonastes?'." Deus responde: "Você não entendeu o mistério naquilo. Independentemente do que ele *sentiu* no momento, eu nunca o deixei" (p. 86). Isso é apenas parcialmente verdadeiro e potencialmente muito enganoso. O Pai *agiu* "virando as costas" para o Filho quando os pecados do mundo inteiro recaíram sobre ele enquanto morria na cruz. O grito de abandono de Jesus não foi apenas uma expressão de uma percepção errônea da presença ou da ausência de Deus. Deus, o Pai, teve de se afastar, metaforicamente falando, para que o Filho na cruz sentisse o peso do pecado por nós. Foi assim que a cruz operou nossa salvação: Deus, na pessoa do Filho, tomou o nosso lugar na morte e sofreu a nossa punição para que não tivéssemos de fazê-lo. Talvez Young esteja tentando comunicar que o Pai e o Espírito Santo não estão afastados de Jesus em sua encarnação. Mas o Pai certamente não morreu. A afirmação do autor chega perto da heresia chamada *patripassianismo* — o sofrimento e a morte do Pai. Ao mesmo tempo em que chega perto de negar o perdão substitutivo.

Um retrato comovente

Tendo dito isso, considero tais falhas relativamente menores naquilo que é se não um maravilhoso e emocionante retrato da natureza de Deus. O Deus de *A cabana* é uma comunhão de amor perfeito que quer compartilhar esse relacionamento com os seres humanos. Ele, ou eles, quer nos envolver nesse amor se nós o permitirmos. O Deus de *A cabana* não pode agir fora do amor (p. 92) e não deseja dominar, controlar nem subjugar. O Deus de *A cabana* é um mistério compreensível, um oxímoro sem dúvida. Mas é fiel à forma como Deus é retratado na Bíblia — está além da nossa compreensão total, mas também é acessível ao nosso entendimento por causa de sua ação amorosa de rebaixar-se até nós em divina revelação.

Vivemos em um tempo em que muitos cristãos ou temem a Deus ou o veem como um "bom camarada" ou como um caça-níquel celestial. O Deus de *A cabana* é essencialmente e decididamente pessoal, no melhor sentido da palavra. Deus é não um objeto que controlamos de alguma forma, mas um sujeito (ou três sujeitos) que deseja curar nossas feridas e nos envolver em seu círculo de amor.

capítulo quatro

Deus está no comando, mas não no controle?

Não consigo começar a contar as vezes que tenho ouvido dizer que "Deus está no comando" ou "Deus sabe o que está fazendo", quando alguma coisa terrível acontece. Muitas vezes, as pessoas biblicamente letradas citam um versículo da Bíblia em especial para apoiar sua convicção de que tudo o que acontece é da vontade de Deus: "'Porque sou eu que conheço os planos que tenho para vocês', diz o Senhor, 'planos de fazê-los prosperar e não de lhes causar dano, planos de dar-lhes esperança e um futuro'" (Jeremias 29:11). É claro que, uma vez que adotam tal posição, elas têm de acreditar que aconteça o que acontecer, ainda que seja trágico, não é ruim, mas bom.

Mas, quando acontece uma calamidade terrível ou quando alguém faz algo horrendamente ruim, nos perguntamos: *onde está Deus?* É uma pergunta natural, pois o coração do homem só consegue aceitar muita dor. Esse é o fardo de *A cabana* — perguntar e responder a tal questão. Onde estava Deus quando Missy foi raptada e assassinada?

O mal em abundância

Esse tipo de horror não é de todo incomum. Em 2 de setembro de 2008, o programa de televisão *48 Horas* levou ao ar um episódio com uma hora de duração sobre dois rapazes sequestrados que sofreram abuso sexual por um predador. Um deles tinha apenas onze anos quando foi violentamente raptado, permanecendo preso e amordaçado por meses enquanto seu captor o brutalizava. Passaram-se quatro anos e meio até ser resgatado. E ele teve sorte. Muitos são encontrados mortos; alguns nunca são encontrados. O horror é impensável. As famílias ficam destruídas.

O autor de *A cabana* quer que pensemos sobre o papel de Deus em tais atrocidades. Ele poderia ter escrito sobre o Holocausto ou sobre o genocídio no continente africano ou em um país da Europa Oriental. Mas escolheu o assassinato de uma criança inocente para que não pudéssemos pensar: *Bem, às vezes as pessoas provocam esses acontecimentos para si mesmas.* Nunca devemos dizer isso em face de qualquer tragédia, mas às vezes tentamos suavizar o choque quando a nossa mente não consegue compreender a desumanidade. Young quer que enfrentemos a pior dor que podemos imaginar para que possamos descobrir como Deus está envolvido.

Uma vez conheci um professor de seminário que perdeu a fé em Deus quando seu filho pequeno morreu de uma doença. Na opinião de todos, o professor era um homem devoto, com uma fé firme em Deus. Ele lecionou para uma geração de ministros e sem dúvida lhes disse que Deus está no controle. (Não tenho certeza disso, mas é tão comum que presumo que ele tenha dito.)

Conheci outro professor de seminário que ensinava a seus alunos que Deus é a realidade que determina tudo e, independentemente do que acontecer, tudo está de acordo com o plano de Deus. Mas quando seu filho morreu, ele experimentou uma mudança drástica em seu pensamento sobre Deus, mal e sofrimento. Não posso culpar o primeiro professor. Se meu filho morresse, eu poderia perder o juízo, sem falar da minha fé. Mas concordo com a mudança do coração e da mente do segundo professor.

No entanto, hoje existe uma nova onda de fé na absoluta e meticulosa providência divina entre os jovens cristãos. Para responder a essas perguntas complicadas, estão recorrendo à teologia que diz: "Por trás de uma providência carrancuda/ Deus esconde uma face sorridente" (de um hino do século XVIII). Em outras palavras, às vezes, quando tudo parece negro, todos nós podemos ver a face escura e carrancuda de Deus, mas por trás dessa cena Deus está sorrindo, porque ele conhece os bons propósitos das nossas dores e é sua causa derradeira. Milhares senão milhões de jovens estão abraçando esse ponto de vista sobre Deus e o mal. Mas eu me pergunto: o que vão pensar se a tragédia Mack alguma vez acontecer com eles?

A cabana não esclarece o que Mack aprendeu no seminário, mas posso adivinhar que foi uma versão da providência meticulosa de Deus. Isso é ensinado a muitos, se não à maioria, nos seminários cristãos conservadores. E é por isso que a Bíblia parece ensiná-lo também. Digo *parece* porque, como Young, não estou convencido de que a Bíblia ensine isso de fato. Não tenho certeza se a versão de *A cabana* sobre a providência de Deus não tem falhas. Assim, vou analisar a visão do livro sobre o papel de Deus nos acontecimentos trágicos para ver como isso soa bíblica e teologicamente.

Três concepções sobre Deus e o mal

Em primeiro lugar, vamos analisar as principais concepções cristãs sobre a providência de Deus e o problema do mal. Em poucas palavras, o problema do mal pergunta: se Deus é Todo-poderoso e todo bondade, porque é que existe o mal em seu mundo? Uma visão tradicional que remonta à igreja de Agostinho é de que Deus é a realidade que a tudo determina e nada acontece fora do seu plano e controle. Desse ponto de vista, Deus certamente planeja e faz com que aconteça cada um dos acontecimentos, sem exceção. De acordo com o reformador João Calvino, Deus até predestinou Adão e Eva (e nós) a cair no pecado. Essa concepção não diz que Deus causa o mal diretamente, mas que planeja o mal e o faz acontecer ao retirar o seu poder protetor que mantém o mal afastado. Para as pessoas que pensam dessa forma, a história bíblica de Jó é representativa. Deus removeu a barreira protetora ao redor de Jó e permitiu que o Acusador (Satanás) o assolasse. Mas, mesmo que não cause o mal, Deus planeja e se assegura de que ele aconteça. O mal faz parte da vontade de Deus e é necessário para um bem maior, que pode estar além da nossa compreensão. Muitas pessoas encontram grande conforto nisso quando o mal ataca. Afinal, se uma tragédia faz parte do grande plano de Deus, então não é sem sentido. De outra forma, seria.

Uma segunda concepção, sustentada por muitos cristãos através dos séculos, é que Deus limita seu controle para permitir o livre-arbítrio humano. Faz parte do plano de Deus nos deixar escolher entre amá-lo ou não. Todavia, quando o mal acontece, decorre da nossa ação, não da dele. Ele relutantemente o permite porque interferir seria tirar a nossa liberdade. Mas não significa que Deus nunca interfere para impedir o mal; apenas que não é sempre que o impede. Por quê? Não sabemos. Talvez porque Deus dependa de nós para limitar o mal e para outorgar poder a ele, orando. Mas, qualquer que seja o caso, não podemos ter certeza. Tudo que podemos saber com certeza é que o mal é sempre contrário à vontade de Deus.

A teologia do processo, a terceira concepção, diz que Deus não é todo-poderoso e, por conseguinte, não pode impedir todo o mal. Assim, acontecimentos ruins não são sua culpa. Essa concepção está muito distante do pensamento cristão predominante e parece ter sido inventada durante o século XX para resgatar a reputação de Deus a despeito do genocídio e de outros horrores da história. A maioria de teólogos cristãos rejeita a teologia do processo porque ela rouba dos seres humanos a esperança do triunfo final de Deus (e do bem sobre o mal).

No entanto, muitos cristãos, incluindo mais do que uns poucos leigos evangélicos, têm sido influenciados por uma forma de teologia do processo por meio de livros como *When Bad Things Happen to Good People* [Quando coisas ruins acontecem com pessoas boas], de Harold Kushner (1993). Kushner mais ou menos diz que coisas ruins acontecem porque Deus não pode fazer coisa alguma a respeito. E isso é o oposto da crença agostiniana de que Deus controla tudo.

A cabana e o problema do mal

E qual é a resposta de *A cabana* para o problema de Deus e o mal? Não é simples. Ela faz uma reflexão um tanto profunda e leva em conta alguns níveis de mistério.

A história começa dando a entender que Mack perdeu a fé plena em Deus. Não sabemos exatamente por que, mas ele está inseguro em relação à sua fé. O livro sugere que a educação que teve em um seminário deixou mais perguntas que respostas. No fundo do coração, ele não está tão certo no que realmente acredita. No entanto, está fingindo viver uma vida cristã. Essa não é a condição de muitos de nós? Se formos honestos, temos de admitir que sim, e há muito tempo.

E então vem o sequestro e assassinato da filha caçula e muito querida de Mack, que quebra quase completamente a sua frágil confiança em Deus. Durante os meses seguintes, ele acaba por se ressentir com Deus e questiona sua bondade. Mas Deus graciosamente intervém e convida Mack para uma conversa em que Deus revela sua natureza a Mack.

Conforme Deus interage com Mack, o assunto principal da conversa é o mal e o sofrimento inocente. Mack leva um bom tempo para "captar". As respostas de Deus não são fáceis de entender. A maioria de nós, incluindo Mack, está condicionada a pensar de uma certa maneira sobre Deus e sobre o mal. Ou Deus tem tudo ou não tem nada a ver com o mal. Podemos saber o bastante para resmungar algo como Deus faz no filme *Os bandidos do tempo*. Quando perguntado por que permitia o mal, Deus diz, pensativo: "Acho que tem algo a ver com livre-arbítrio." Isso é quase tudo o que a maioria das pessoas consegue dizer. Mas o autor de *A cabana* vai muito mais fundo nesse assunto. E, embora pareça discordar das três principais concepções discutidas anteriormente, ele chega mais perto do Deus autolimitado que permite o mal por causa do nosso livre-arbítrio. Intenso em sua conversa com Deus, Mack pergunta, de forma acusadora, se Deus poderia ter impedido o que aconteceu com Missy. Essa é a grande questão, e Deus não se exime. "Eu poderia ter impedido o que aconteceu com Missy? A resposta é sim" (p. 206). Oh, oh. Engolimos em seco junto com Mack. E agora? Deus é culpado? Não, nós somos — todos nós juntos. Deus explica que ele (as três pessoas divinas) limitou a si mesmo: "Nós nos limitamos por respeito a você" (p. 97). Deus explica que "não impede um monte de coisas" que poderia impedir (p. 151). O Deus de *A cabana* não faz "consertos". Ele não interfere para impedir um uso indevido qualquer do livre-arbítrio, porque respeita nossa liberdade e nossas escolhas. Mack reclama: "Então por que vocês não consertam?" (a Terra, este mundo que se desviou tanto de Deus). Deus responde: "Porque nós a demos para vocês." "Não podem pegá-la de volta?", Mack interroga. "Claro que poderíamos, mas então a história acabaria antes de ser consumada" (p. 132). Mack dirige um olhar vazio para Jesus, que está dizendo essas coisas. Pacientemente, Jesus esclarece:

> Nunca assumi o controle de suas escolhas nem os obriguei a fazer nada, mesmo quando o que estavam fazendo era destrutivo para vocês mesmos e para os outros [...].
>
> Forçar minha vontade sobre a de vocês é exatamente o que o amor não faz. Os relacionamentos verdadeiros são marcados pela aceitação, mesmo quando suas escolhas não são úteis, nem saudáveis (p. 132).

Isso começa a responder por que há tanto mal e sofrimento inocente no mundo de Deus. Por amor, Deus limita a si mesmo, ata suas mãos, aparentemente, por nossa causa. Ele não deseja nos controlar mais do que um pai perfeitamente bom e amoroso tenta controlar uma filha ou um filho já adulto. Orientação, sim. Controle, não.

Não tenho certeza, todavia, de que o amor verdadeiro nunca força os outros a fazer algo. Penso que *A cabana* vá longe demais em relação a Deus limitar a si mesmo para o bem do nosso livre-arbítrio. E chega muito perto do deísmo (que nega o envolvimento de Deus na história) ou da teologia do processo (que conclui que Deus é demasiado fraco para vencer o mal). Mas, em pelo menos uma passagem, o livro sugere que Deus interveio para impedir muito mal, mas os seres humanos desconhecem o assunto (p. 178). Isso parece contradizer o que Young diz em muitos outros trechos.

Agora vem algo realmente chocante. Logo após dizer que Deus não nos força a nada, Jesus diz para Mack que Deus se submete a nós. Não ouvimos dizerem isso muitas vezes nos púlpitos! Mack pergunta, sem dúvida com olhos arregalados: "Como pode ser? Por que o Deus do universo quereria se submeter a mim?" "Porque queremos que você se junte a nós em nosso círculo de relacionamento. Não quero escravos, quero irmão e irmãs que compartilhem a vida comigo", Jesus responde (p. 133). É nesse aspecto que a versão de Deus e o mal de *A cabana* vai mais longe do que a explicação tradicional do livre-arbítrio para o mal. Deus não só limita a si mesmo, afirma *A cabana*, como também abre mão de seu controle e o passa para nós, para que possamos amá-lo ou feri-lo!

Tenho dúvidas em relação a isso. Acho excessivo quando Mack diz: "Deus, o servidor [...]. É mais verdadeiramente Deus, meu servidor" (p. 220). Há alguma verdade nisso, mas certamente ela poderia ser expressa de uma maneira melhor. O Deus da Bíblia nos ama e busca o nosso bem, mas, não obstante, ele é sempre nosso Senhor e Mestre (sempre de uma maneira amorosa e benevolente). Ele é nosso Deus, e nós lhe devemos adoração e submissão.

Assim, parte da explicação da presença do mal na boa criação de Deus é a autolimitação de Deus em nome do nosso livre-arbítrio. De acordo com *A cabana*, a interferência divina para impedir todo mal e sofrimento não é uma opção para Deus. Por quê? É um mistério. Deus fala para Mack que é por causa de "propósitos que você não pode entender agora" (p. 206). Em outras palavras, Deus tem um plano, e ele envolve respeitar a nossa liberdade; mas porque às vezes Deus interfere é algo que não podemos saber. Assim, Deus poderia ter evitado o que aconteceu com Missy. Ele tinha o *poder* de fazê-lo. Mas, por certos motivos desconhecidos, nesse caso em particular Deus não pôde intervir. Aparentemente Deus obedece a regras conhecidas apenas por ele mesmo.

Por que a autolimitação de Deus e o nosso livre-arbítrio resultam em maldades horrendas e em desumanidades que causam dor até mesmo para Deus? O que deu errado? *A cabana* pinta um quadro muito negro do nosso mundo. Deus deu o mundo para nós, e nós o estragamos, em grande estilo. Declaramos a nossa independência e concluímos que conhecemos o bem e o mal melhor do que Deus. Os teólogos chamam isso de o pecado do orgulho ou "idolatria do ego". Usurpamos o lugar de Deus em nossa vida, embora estejamos totalmente desqualificados para desempenhar esse papel. Como disse Blaise Pascal, somos reis sentados em tronos decadentes, segurando cetros quebrados. Somos finitos e caídos. Criados à própria imagem e semelhança de Deus, a nós foi dado o domínio sobre a Criação. Mas em rebelião contra o nosso Criador, destruímos tudo que nos rodeia, incluindo a nós mesmos.

Deus relutantemente responde à nossa declaração de independência: "Se você quiser fazer as coisas do seu jeito, tudo bem" (p. 137). Soa frio e cruel. Porém, o que mais Deus poderia fazer? O que mais pode fazer um pai que sofre há muito tempo com um filho adulto que tem direitos de adulto e os está usando indevidamente e causando um grande dano? É claro que isso não significa que Deus não funcionará conosco. A ideia principal de *A cabana* é a redenção; Deus está redimindo este mundo rebelde. Mas ele não anulará o nosso livre-arbítrio, ainda.

O plano de Deus para o mal

Então, onde está Deus quando males horríveis acontecem? Ele simplesmente está lhes assistindo acontecer? Será que ele grita ordens para nós, mas se recusa a participar? Difícil. *A cabana* explica que Deus tem um plano para redimir o mundo ao trazer o bem a partir do mal. Deus fala para Mack: "Todas as coisas devem se desdobrar, ainda que isso ponha todos os que amo no meio de um mundo de tragédias horríveis" (p. 179). Em outras palavras, há uma razão para que Deus não possa interferir agora e unilateralmente para acabar com o mal, mas ele o fará quando chegar o momento certo. "Essa vida é apenas a antessala para uma realidade maior que virá. Ninguém realiza plenamente seu próprio potencial no seu mundo. É apenas um preparativo que Papai tinha em mente o tempo todo" (p. 154).

William Young está nos dizendo que há esperança. Deus não nos abandonou à nossa própria sorte. Primeiro, Deus compensa os inocentes que sofrem. Vemos Missy muito feliz, brincando e se divertindo no paraíso. Ela está em paz. Temos a impressão de que não voltaria para a Terra se tivesse essa opção. Os encantos do céu compensam todas as dores deste mundo. Em segundo lugar, Deus traz o bem a partir do mal sem tornar o mal bom. "E, a partir do que parece uma confusão enorme, Papai tece uma tapeçaria magnífica. Só pai pode resolver tudo isso e ele o faz com graça" (p. 163). E "eu crio um bem incrível a partir de tragédias indescritíveis, mas isso não significa que as orquestre" (p. 173). Deus não orquestra nem controla tudo que acontece, mas está no comando de tudo deste mundo. Ele tece com amor e poder uma bela tapeçaria ao trazer algo de bom a partir do mal, mas isso não diminui a enormidade do mal.

Deus explica para Mack: "Nada é como deveria ser" (p. 151). E isso é nossa culpa, não de Deus. Deus tem o poder de nos controlar para que não possamos fazer o mal, mas, por motivos que estão além da nossa compreensão, ele ainda não pode fazer isso. Tem algo a ver com o grande plano de Deus para nos atrair tanto quanto possível para seu círculo de amor. E o amor é não coercivo. Enquanto isso, Deus toma o mal que fazemos e o usa para o bem.

Assim, ao lado daqueles que acreditam na meticulosa providência de Deus e no controle minucioso das ações humanas, *A cabana* diz que Deus guia a Criação e nada pode acontecer sem a sua permissão. Mas, contrariamente a essa concepção da providência, apesar de Deus estar no comando, ele não controla tudo. O ser humano tem livre-arbítrio. O mal é completamente a nossa ação e não parte do plano de Deus. Porém, mais uma vez, ao lado da providência meticulosa, *A cabana* afirma que Deus pode e sempre traz o bem a partir do mal.

Embora similar à teologia da providência que enfatiza o livre-arbítrio e a autolimitação de Deus, *A cabana* argumenta que Deus operará seu plano a despeito de nós e, se necessário, mesmo sem nós. Mas também afirma que Deus não força os seres humanos a fazer o mal.

Como a teologia do processo, *A cabana* diz que Deus é bom, mas não exerce o poder para deter o mal. Ela une a bondade de Deus à grandeza de Deus. A grandeza de Deus é a sua bondade. Mas contrária à teologia do processo, *A cabana* diz que Deus irá triunfar sobre o mal. No entanto, ao lado da teologia do processo, nos diz que Deus não imporá sua vontade a ninguém.

Retratos bíblicos de Deus

Creio que a história do envolvimento de Deus de *A cabana* em nosso mundo de mal e sofrimento é tanto bíblica quanto racional, mesmo que tente fazer mais do que o certo em ambos os casos. E encontro muito conforto nela.

Como é que o Deus de *A cabana* se compara ao Deus que encontramos na Bíblia? Vamos ser claros: a Bíblia prevê múltiplos retratos de Deus. Por um lado, o Deus da Bíblia parece ser muito poderoso e controlador. Por exemplo, o Senhor diz:

> Eu formo a luz e crio as trevas,
> promovo a paz e causo a desgraça;
> eu, o SENHOR, faço todas essas coisas. (Isaías 45:7)

E Gênesis 45 indica que Deus orquestrou a venda de José como escravo para que José pudesse se tornar membro do governo do Egito e resgatar seu povo no tempo da fome. Assim, alguns autores bíblicos aparentemente atribuem tudo o que acontece a Deus.

Por outro lado, quando Moisés pede para ver a glória de Deus, Deus passa diante dele e proclama:

> SENHOR, SENHOR, Deus compassivo e misericordioso, paciente, cheio de amor e de fidelidade, que mantém o seu amor a milhares e perdoa a maldade, a rebelião e o pecado. (Êxodo 34:6,7)

E, por intermédio dos profetas, o Senhor repetidamente implora aos pecadores que voltem de seus maus caminhos, que Deus odeia:

> "Venham, vamos refletir juntos", diz o SENHOR.
> "Embora os seus pecados sejam vermelhos como escarlate, eles se tornarão brancos como a neve;
> embora sejam rubros como púrpura, como a lã se tornarão.
> Se vocês estiverem dispostos a obedecer, comerão os melhores frutos desta terra; mas, se resistirem e se rebelarem, serão devorados pela espada."
> Pois o SENHOR é quem fala! (Isaías 1:18-20)

E, no profeta Ezequiel, lemos: "Pois não me agrada a morte de ninguém. Palavra do Soberano, o SENHOR. Arrependam-se e vivam!" (Ezequiel 18:32).

O retrato de Deus no Novo Testamento se centra em Jesus, que é Deus encarnado. Certamente, essa revelação é fundamental para a interpretação das demais histórias de Deus na Bíblia. O Deus de Jesus é um Pai celestial amoroso que deseja o melhor para suas criaturas: "Porque Deus tanto amou o mundo que deu o seu Filho Unigênito, para que todo o que nele crer não pereça, mas tenha a vida eterna" (João 3:16). Deus não quer que ninguém encare o castigo eterno, mas deseja que todas as pessoas se arrependam e que o conheçam (1 Timóteo 2:4; 2; Pedro 3:9). Assim, Jesus chora sobre Jerusalém por causa da incredulidade de seu povo (Lucas 19:41-44).

Reconciliar tais retratos diferentes de Deus nem sempre é fácil. Mas, como cristão, creio que seja sábio extrair minha concepção de Deus, principalmente de Jesus, e interpretar todos os demais retratos de Deus de acordo com essa luz.

A Bíblia lembra que Deus nos dá o livre-arbítrio e nos permite fazer um grande mal, o que é contrário à sua vontade. Após a desobediência de Adão e Eva no jardim (Gênesis 3), Deus genuinamente se angustia e mais tarde lamenta ter criado os seres humanos (Gênesis 6:6) por causa de seus maus caminhos. O que dificulta interpretar o mal como parte do plano de Deus. Deus tem orquestrado todas as coisas que o fazem arrepender-se de ter criado as pessoas? A Bíblia atribui o mal e a desumanidade aos seres humanos. E o Novo Testamento (por exemplo, Romanos 1), de forma nítida, coloca a culpa diretamente nos ombros humanos.

É cabível pensar que Deus está por trás de todas as coisas terríveis que os homens fazem? Uma vez que Deus protesta e adverte contra todo comportamento ruim, faz sentido que ele também o provoque? Jesus ensinou seus discípulos a orar para que a vontade de Deus seja feita assim na terra como no céu (Mateus 6:10). Qual é o propósito de tal oração se a vontade de Deus já é sempre feita?

Para mim, *A cabana* é biblicamente correta e tem a razão do seu lado quando retrata Deus verdadeiramente chocado e angustiado como o pecado humano. No geral, a revelação bíblica não ensina que Deus está orquestrando o mal em segredo. Todavia, o mal não pode escapar do controle abrangente do Deus da história. Deus determina o que irá acontecer ao mal. Mas é melhor não dizer que Deus está no controle, porque tal ideia é equivocada. Afinal de contas, o mal existe mesmo que Deus não cause o mal. É melhor dizer, como diz *A cabana,* que Deus está no comando, mas não no controle.

Qualquer outro retrato faz Deus parecer moralmente ambíguo ou incapaz, na melhor das hipóteses.

capítulo cinco

O que está errado com o mundo e conosco?

Quem já não acusou alguém de ser pessimista demais? Ouço tal afirmação o tempo todo. As pessoas, sobretudo minha mulher, acusam-me disso.

Costumo responder apenas que sou realista. Vejo o mundo como uma grande tragédia pontuada por atos ocasionais e aleatórios de bondade por parte de Deus e das pessoas. Por outro lado, algumas pessoas têm tanto a cabeça no céu que não são práticas na Terra. Isso significa que são muito espiritualizadas e talvez muito otimistas. Ninguém jamais disse isso a meu respeito. Mas eu já disse de várias pessoas.

Otimismo pessimista ou pessimismo otimista: esses oxímoros descrevem exatamente a postura de *A cabana* em relação aos seres humanos caídos e seu mundo. É uma história de tragédia e redenção — exatamente como a Bíblia. *Tragédia* não se refere a apenas um, dois ou três acontecimentos terríveis, mas ao mundo inteiramente bagunçado. E *redenção* não se refere a apenas alguns acontecimentos nos quais Deus resgata pessoas do desespero, mas à ação de Deus em relação a todas as pessoas e ao mundo inteiro.

Realismo otimista

Minha concepção de pessoas e de mundo é semelhante à concepção de *A cabana*. As coisas estão uma bagunça. Há bem pouca esperança se formos deixados por nossa conta. Essa perspectiva não decorre de experiências ruins que me influenciaram. Está baseada na história bíblica sobre nós e nosso mundo. No entanto, me declaro um realista otimista porque, contrariamente a todas as evidências e com base no que li na Bíblia (e às vezes experimento em momentos gloriosos da misericórdia de Deus), vejo o mundo como não inteiramente sem esperança. Deus está trabalhando nele e um dia vai curá-lo.

Romanos 8:18-25, por exemplo, claramente promete um futuro no qual os sofrimentos deste mundo empalidecerão comparados à glória que Deus revelará para nós. Paulo, o autor de Romanos, fala sobre a intervenção de Deus para livrar o mundo inteiro da escravidão da decadência. Um tipo de ressurreição do cosmo! Meu otimismo está em Deus, não em mim mesmo nem em meus companheiros humanos. Essa é a única explicação que ecoa com a de *A cabana*. É muito realista em relação à humanidade e muito otimista em relação a Deus, exatamente como a história bíblica.

Qualquer um que tenha uma concepção vaga do pessimismo deve ler o Salmo 14:

> Diz o tolo em seu coração: "Deus não existe."
> Corromperam-se e cometeram atos detestáveis; não há ninguém que faça o bem.
> O Senhor olha dos céus para os filhos dos homens,
> para ver se há alguém que tenha entendimento, alguém que busque a Deus.
> Todos se desviaram, igualmente se corromperam; não há ninguém que faça o bem, não há nem um sequer.

Não se engane com o primeiro verso: a passagem se refere a *todos*, não apenas aos ateus. À luz da passagem inteira, o tolo do primeiro verso se refere a mim e a você!

Está bem, é só um salmo. Talvez o salmista estivesse de mau humor nesse dia. Dê uma olhada em Romanos 3:9-18:

> Que concluiremos então? Estamos [nós, cristãos] em posição de vantagem? Não! Já demonstramos que tanto judeus quanto gentios estão debaixo do pecado. Como está escrito:
>
> "Não há nenhum justo, nem um sequer;
> não há ninguém que entenda, ninguém que busque a Deus.
> Todos se desviaram, tornaram-se juntamente inúteis;
> não há ninguém que faça o bem, não há nem um sequer."

"Suas gargantas são um túmulo aberto; com suas línguas enganam." "Veneno de serpentes está em seus lábios."
"Suas bocas estão cheias de maldição e amargura."
"Seus pés são ágeis para derramar sangue;
ruína e desgraça marcam os seus caminhos,
e não conhecem o caminho da paz."
Aos seus olhos é inútil temer a Deus."

Um retrato bastante desanimador sobre nós, não acha?

Esse também é o retrato que *A cabana* faz de nós. Mas não para por aí. Como a Bíblia, *A cabana* também nos retrata sendo amados por Deus, a despeito daquilo que nos tornamos. As pessoas que estão procurando os sinais de esperança em um mundo marcado pela crueldade e desumanidade deveriam dar uma olhada em Apocalipse 21:1-4:

> Então vi novos céus e nova terra, pois o primeiro céu e a primeira terra tinham passado; e o mar já não existia. Vi a Cidade Santa, a nova Jerusalém, que descia dos céus, da parte de Deus, preparada como uma noiva adornada para o seu marido. Ouvi uma forte voz que vinha do trono e dizia: "Agora o tabernáculo de Deus está com os homens, com os quais ele viverá. Eles serão os seus povos; o próprio Deus estará com eles e será o seu Deus. Ele enxugará dos seus olhos toda lágrima. Não haverá mais morte, nem tristeza, nem choro, nem dor, pois a antiga ordem já passou."

Um retrato triste

Essa é a esperança abençoada que nos é oferecida ao longo da Bíblia. Mas e o agora? O foco de *A cabana* é no aqui e agora, e não é um retrato bonito. Um dos personagens principais do livro é o ardiloso "Matador de Meninas", que sequestra e mata menininhas. Ele também representa todos os homens. Mas não me entenda errado. *A cabana* não quer dizer que cada um de nós é tão mau quanto o Matador de Meninas! Não mesmo. Mas todo o nosso mundo e todos nós juntos estamos envolvidos em um sistema que dá origem a matadores de crianças, Hitlers e outros malfeitores. E não há um abismo absoluto entre ele e nós; somos todos capazes de fazer coisas realmente ruins. A falta de confiança de Mack em Deus é uma coisa ruim mesmo que Deus o compreenda e ajude.

Muitos leitores de *A cabana* podem se incomodar com o retrato triste que ela faz da humanidade. Não costumamos ouvir muitos sermões dos televangelistas sobre quão ruins nós somos. A maioria dos sermões dos púlpitos norte-americanos tem o objetivo de estimular a nossa autoestima: Deus nos ama e nos aceita exatamente como somos. *A cabana* diz isso também, mas primeiro nos fala da verdade mais tenebrosa sobre nós mesmos. É o que faz a mensagem do amor incondicional de Deus tão poderosa.

Assim, voltemos ao enredo de *A cabana* para nos lembrarmos da condição humana que ela retrata.

Mack continua querendo colocar Deus no banco dos réus, aparentemente, para julgar seus crimes. Em outras palavras, ele julga Deus por permitir que Missy fosse sequestrada e assassinada. Mas ainda mais ele parece acusar Deus de ser menos bom devido às coisas terríveis que acontecem no mundo. Mais de uma vez Deus aponta o dedo para Mack e para todos nós como as fontes do mal: "Papai nunca precisou do mal para realizar seus bons propósitos. Foram vocês, humanos, que abraçaram o mal, e Papai respondeu com bondade. O que aconteceu com Missy foi trabalho do mal e ninguém no seu mundo está imune a ele" (p. 152). De uma forma gentil, Deus diz a Mack (e a nós) que todos somos matadores de meninas em potencial. Podemos nunca ser tentados a fazer uma coisa tão horrível! Mas todos nós repelimos Deus e fazemos as coisas por nós mesmos, e isso abre a porta para males terríveis de um ou outro tipo. O mundo é um lugar que engloba matadores de meninas porque todos nós rejeitamos Deus ao declarar nossa independência dele.

Estamos nisso juntos

Os problemas do mundo não estão na ação de Deus. Essa é uma mensagem importante de *A cabana*. Achamos boa a parte da bondade de Deus. Mas podemos não gostar da parte que diz respeito à nossa responsabilidade pelo mal. Não é apenas certo grupo de elite de pessoas ruins o responsável pelo mal. Todos nós estamos nisso juntos. Até Mack, um dos homens mais encantadores que alguém poderia encontrar. Quando diz para Mack "vocês, humanos, que abraçaram o mal", Deus não quis dizer "alguns de vocês, humanos". Ele se referiu a Mack, a você e a mim. E me pergunto: quantas pessoas entendem isso lendo *A cabana*? Geralmente vemos apenas o que queremos ver em um livro. (Acredite em mim, sei disso depois de dar aulas a estudantes universitários por vinte e seis anos!)

Como aconteceu a bagunça terrível do mundo? Se não é culpa de Deus, não seria de Satanás, ou talvez de Adão e Eva? *A cabana* acertadamente aponta o dedo para nós e o afasta daqueles a quem gostaríamos de culpar. Deus diz que Mack (e todos) exige a independência de Deus e então fica furioso quando ele a entende. De acordo com *A cabana*, este mundo é um lugar terrível, "perdido na escuridão e no caos". Desastres horríveis acontecem até com as pessoas de quem Deus especialmente gosta (p. 151). Que pessimismo. Não, que realismo!

Papai (Deus) está instruindo Mack sobre a Queda e seus efeitos, o pecado original e a depravação total. Esses são conceitos muito impopulares na nossa cultura. Mas são bíblicos e conformes à realidade. G. K. Chesterton, um escritor cristão dos primórdios do século XX, ironizou que o pecado original é uma doutrina da fé cristã verificável apenas empiricamente. Sem usar esses termos teológicos, *A cabana* revela a verdade de tais conceitos sobre a humanidade.

O que a queda da humanidade no pecado fez com o mundo bom que Deus criou? Sarayu, também conhecida como o Espírito Santo, explica para Mack que os humanos são cegos em relação a seu lugar na Criação; escolheram a independência e por meio dela arrastaram toda a Criação com eles (p. 120). Ela lhe diz que a escolha de Adão e Eva de desobedecer a Deus comendo o fruto da árvore do conhecimento do bem e do mal (Gênesis 3) rasgou o universo.

Quebrou a amarra entre o espiritual e o físico. A escolha deles expeliu o hálito de Deus, o que é um grande problema (p. 123). A declaração de independência de Deus da humanidade rachou a Criação; neste exato momento, o mal se infiltrou. Uma maldição caiu sobre a natureza pelo que os humanos fizeram (e ainda fazem). Tornamo-nos tortuosos e corruptos. Nada jamais será igual.

Deus, liberdade e mal

Esse lúgubre, porém biblicamente acurado retrato do mundo, levanta uma pergunta. Deus criou o mal? Afinal, ele é o criador de tudo, e se o mal existe, Deus deve ser o responsável. *A cabana* corrige esse erro. O mal, ela nos diz, não é uma coisa nem uma substância, e não faz parte da Criação. O mal é a ausência do bem (p. 124). Ele não tem existência e, assim, Deus não o criou. Qualquer coisa que tenha existência é criada por Deus, mas Deus não criou a ausência do bem. De outra forma, teríamos de atribuir o mal a Deus.

A cabana declara que Deus não é o autor do mal, nem é responsável por nos permitir trazê-lo para a existência. Mas espere um minuto! É possível para o mal existir se ele não é nada além da ausência do bem? Talvez uma analogia ajude a responder a essa questão. A escuridão é a ausência de luz. Mas a escuridão existe. Qualquer um que tenha estado em uma caverna quando as luzes se apagaram sabe disso. Da mesma forma, o mal existe mesmo que essa existência não seja positiva. Ele existe como a ausência do bem. Quando nos deu o livre-arbítrio, Deus permitiu a possibilidade de o mal entrar no mundo do bem. Quando exigimos fazer as coisas do nosso jeito, Deus disse para nós: "Está certo; que a vontade de vocês seja feita, não a minha." O mal é nossa responsabilidade, não de Deus. E as consequências são tão horríveis que nem as conseguimos imaginar.

Por causa das nossas atitudes, a natureza está sob uma maldição. Abusamos da natureza, e ela devolve o favor com desastres naturais (furacões, terremotos e *tsunamis*). E nós mesmos somos tão corruptos que continuamente fazemos o mal e sofremos fazendo algo bom. Esse é o pecado original — a natureza corrupta que todos nós herdamos de nossos ancestrais e pares, que nos determina a boa vontade fazer coisas ruins. A doutrina cristã da depravação total está relacionada. É a nossa inabilidade de fazer algo correto sem a ajuda sobrenatural de Deus. Todo nosso ser, sem exceção, está arqueado e quebrado. Não pense no pecado original ou na depravação total como germes que pegamos de outras pessoas. Ao contrário, pense neles tanto como defeitos universais de nascença quanto como condicionamento social ruim. Sabemos como é poderosa a socialização; se alguém próximo a nós estiver arqueado e quebrado em sua natureza, nós também estaremos.

O pecado original ensina que a corrupção espiritual, que rompe nosso relacionamento com Deus, é universal. Não nascemos com ela. É como uma bomba-relógio tique-taqueando dentro de nós, e se vivermos tempo bastante, ela explodirá em atos de desobediência que revelam nossa preferência por nós mesmos acima de Deus e dos outros. A depravação total ensina que nada que façamos por nós mesmos pode restaurar nosso relacionamento rompido com Deus. Qualquer "bem" que fazemos está sempre maculado pelo egoísmo e pelo orgulho.

A cabana é brutalmente realista. E ilustra nossa preferência caída pelo poder acima dos relacionamentos. Deus deseja um relacionamento amoroso conosco, mas aspiramos ao poder sobre os demais. Referindo-se aos relacionamentos rompidos, Deus fala para Mack: "A questão sempre volta ao poder e a como ele é oposto ao relacionamento que vocês têm entre si" (p. 136). E "o poder nas mãos dos seres humanos independentes, sejam homens ou mulheres, corrompe" (p. 135). A Queda de Adão e Eva envolveu um arrebatamento poderoso pelos seres humanos. A independência, o individualismo e a competição resultaram do mal que começou com a Queda e continua até hoje. E eles destroem os relacionamentos de amor.

Penso que *A cabana* perca um pouco quando Jesus faz a distinção entre o modo como a queda no pecado afeta homens e mulheres, sugerindo indiretamente que os homens são mais caídos do que as mulheres. Mack responde: "Sempre me perguntei por que os homens estão no comando [...]. Os homens parecem ser a causa de muita dor no mundo" (p. 135). E Jesus diz: "O mundo, em vários sentidos, seria um lugar muito mais tranquilo e gentil se as mulheres governassem. Haveria muito menos crianças sacrificadas aos deuses da cobiça e do poder" (p. 135). Discordo de tal ideia porque sou homem? Não. Discordo porque contradiz um dos pontos principais de *A cabana*: o poder corrompe. Se as mulheres "governassem" seriam tão corruptas quanto os homens, e o mundo não seria melhor!

Como foi possível chegarmos a essa situação? Por que continuar? Isso volta à utilização indevida do livre-arbítrio por parte da humanidade. Não há nada inerentemente errado com o livre-arbítrio, mas quando é utilizado de forma indevida ele abre a porta para o mal. Usamos nosso livre-arbítrio de forma errada para declarar independência de Deus. Deus fala para Mack que todo mal decorre da independência da humanidade em relação a Deus. O mal, que toca a todos (p. 178), é o caos que causamos ao mundo, mas Deus não lhe permite ter a última palavra. Então Deus lembra Mack que a única cura imediata seria tirar o nosso livre-arbítrio. Mas Deus não quer fazer isso porque ele nos ama, e "o amor forçado não é amor" (p. 178).

A cabana nos diz que Deus criou todas as coisas boas a partir do amor superabundante do Pai, do Filho e do Espírito Santo uns pelos outros. Deus deu aos homens o livre-arbítrio e ordenou que não o usássemos indevidamente, mas, sim, para o nosso próprio bem. Nós desobedecemos a Deus, escolhendo conhecer o bem e o mal além de Deus. Deus respeitou nossa liberdade, sabendo que ela levaria a todos os tipos de coisas horríveis. Ele a permitiu porque deseja que o nosso amor e a nossa obediência sejam livres, não forçados. A nossa independência amaldiçoou a natureza e produziu um ciclo interminável de mal entre nós mesmos. Os nossos relacionamentos são continuamente rompidos pelo poder e pela dominação. No fim, nós nos sentimos impotentes para fazer algo espiritualmente bom que poderia começar a restaurar o nosso relacionamento com Deus e os outros.

De modo geral, penso que a explicação de *A cabana* sobre a origem do mal no mundo seja biblicamente e teologicamente conforme. É claro que as pessoas que acreditam em Deus como a realidade que a tudo determina podem encontrar falhas na ênfase forte do livro sobre o livre-arbítrio. Por outro lado, eu me pergunto se o livro vai longe o bastante.

Várias vezes *A cabana* diz que Deus sabia antecipadamente tudo que iria acontecer quando criou o mundo (veja, por exemplo, p. 84). Mas, ao mesmo tempo, o livro sugere que Deus assumiu um risco ao nos criar com livre-arbítrio. Mas se sabia de tudo isso antecipadamente, qual foi o risco que Deus correu? E, se Deus sabia com absoluta certeza o que aconteceria e mesmo assim criou o que criou, ele não é o responsável por aquilo que vem a seguir? Em um único ponto do livro Deus diz: "Eu gosto demais da incerteza" (p. 190). Verdade? Como ele poderia ter incertezas se sabia de antemão tudo o que iria acontecer? O livro parece estar nos passando duas mensagens que divergem uma da outra.

Podemos resolver esse dilema? Não estou certo, mas o que aconteceria se, em vez de saber com absoluta certeza, Deus se limitasse a conhecer os possíveis desfechos e ficasse preparado para lidar com qualquer um que se tornasse real? É só uma coisa para pensarmos a respeito.

Uma notícia ruim e uma notícia boa

É um retrato cruel. Porém, será que explica adequadamente os atos inomináveis do Matador de Meninas? Por que algumas pessoas se revelam como um Hitler e outras não?

A cabana não responde a essa questão diretamente. Vamos ver o que podemos depreender da história.

Quando Deus pergunta a Mack sobre o que deveria ser feito com o homem que sequestrou e assassinou sua filha pequena, Mack grita: "Deve ser mandado para o inferno!" (p. 147). Posso entender, embora saiba, de um ponto de vista intelectual, que essa expressão de ódio está errada. Assim, Deus pergunta para Mack: "Ele é culpado da sua perda?" "Claro que é", Mack responde. Deus então vai a um ponto que não queremos ir. Ele questiona Mack sobre o pai do Matador de Meninas, que deformou o filho até que ele se transformasse no assassino que é. Mack também o condena. Então Deus pergunta a Mack até onde deveriam voltar — até os tempos de Adão? E por que parar por aí? O que acontece com Deus? Uma vez que é o Criador, ele é culpado? (p. 148). O silêncio de Mack revela o seu aparente consentimento.

O que isso revela sobre a razão de algumas pessoas serem horrivelmente más e outras serem apenas moderadamente más? Isso é mesmo verdade? Fica confuso. *A cabana* parece estar nos dizendo que há uma cadeia de horrores que leva as pessoas a fazer coisas horríveis. Há bastante culpa ao redor. Algumas pessoas se revelam como monstros porque foram criadas por monstros, mas no fim das contas tudo é um resultado da Queda e da rebelião da humanidade, da nossa declaração pública de independência de Deus. Aparentemente é um mistério por que alguns se tornam monstros enquanto outros são apenas pecadores medianos. Mas isso realmente não vem ao caso. Todos nós temos o potencial. Como se costuma dizer: "Se não fosse pela graça de Deus..."

Todos nós somos almas tortuosas; algumas são mais tortuosas do que outras. Mas, dadas as circunstâncias adequadas, cada alma poderia se tornar tortuosa a ponto de se transformar em monstro.

Deus está dizendo para Mack e para nós que não deveríamos criar categorias de pessoas "especialmente más" e "moderadamente más". Sim, alguns atos são particularmente maus e merecem punição, mas todos nós estamos envolvidos neste mundo horrivelmente deformado. Dadas as devidas circunstâncias, todos nós podemos ser tão perversos quanto o pior dos perversos. Da perspectiva de Deus, somos igualmente maus, e ele está igualmente preocupado conosco. Nem um pouco agradável, não? Difícil de aceitar. Mas penso que seja verdadeiro. A Bíblia não cria categorias de mal entre as pessoas. Ela coloca todos nós juntos e nos diz que em qualquer "bem" que possamos realizar não haverá nada do que se orgulhar. Só Deus pode nos justificar e nos fazer bons. Não temos absolutamente nada a ver com isso.

O que os cristãos devem pensar sobre o retrato triste do mundo e da condição humana de *A cabana*? A maioria ficaria alegre, otimista e manteria a "fé no espírito humano". Eu ficaria. Mas a minha experiência própria concorda com o retrato do seres humanos de *A cabana*. É claro que tenho visto a bondade humana em ação, mas à luz das Escrituras não posso dar a glória para alguém senão a Deus pelo bem que testemunho. Qualquer bem que empreendamos, a Bíblia nos diz, é a obra de Deus e por meio de nós (Filipenses 2:12,13). Deixados por nossa própria conta, não podemos fazer nada bom.

Em vez de enxergar o retrato da condição humana de *A cabana* como uma notícia ruim, eu o vejo como uma notícia boa. Embora se inicie com uma má notícia, *A cabana* leva à grande notícia de que nosso Criador não desistiu de nós, apesar da nossa rebelião pecaminosa. E, melhor ainda, o Filho de Deus morreu por nós e planeja nos redimir. Essa notícia é melhor do que o otimismo alegre da cultura da "invencibilidade do espírito humano". Acompanhando as Escrituras, *A cabana* é realista e cheia de esperança. O que mais poderíamos querer?

capítulo seis

Deus perdoa a todos incondicionalmente?

Meu pai foi pastor por mais de cinquenta anos, e durante esse tempo todo ele acumulou experiências estranhas, porém verdadeiras. Suas histórias sobressaíam em seu ministério, porque diziam respeito a fatos reais com os quais as pessoas se preocupavam. Uma dessas histórias tocava-me profundamente a cada vez que a ouvia.

No início do ministério pastoral do meu pai, pediram-lhe para visitar uma idosa em uma casa de repouso. Ela estava deprimida e espiritualmente angustiada, precisando de um aconselhamento pastoral. Meu pai foi visitá-la, contando que fosse um chamado pastoral de rotina. Mas o encontro com aquela senhora foi muito chocante. Ela disse que Deus jamais a perdoaria pelo que tinha feito. Nenhum pastor esperava ouvir isso de uma idosa em um asilo! Meu pai lhe garantiu que, fosse o que fosse, Deus a perdoaria. Ela se comoveu, com tristeza, mas respondeu que Deus não poderia perdoar o que ela tinha feito. Por fim, se abriu e contou a meu pai que quando era muito jovem e recém-casada, ela envenenara o sogro. Matara o pai do seu marido.

O que meu pai deveria ter dito a ela? Bem, claro que ele lhe disse que Deus a perdoaria se ela se arrependesse e confiasse em seu Filho, Jesus, que morreu por todos os pecados. É estranho, mas não me lembro do resto da história. Recordo-me vagamente de que meu pai saiu sem testemunhar a conversão dessa senhora.

A cabana também tem algumas coisas muito impressionantes a dizer sobre Deus e o perdão. Embora *A cabana* se refira, sobretudo, à natureza de Deus, ela também diz muito sobre a nossa resposta a Deus. Neste capítulo, vamos explorar a descrição do romance sobre a natureza de Deus e o que ele tem feito para a nossa salvação. No sétimo capítulo, vamos examinar o que devemos fazer para entrar em um relacionamento com Deus.

Deus perdoa tudo

Com base na minha leitura de *A cabana*, penso que William Young diria à idosa do asilo: "Deus já perdoou você por matar seu sogro." De acordo com *A cabana*, Deus é tão bom que já perdoou todos os seres humanos por tudo que fizeram ou pretendem fazer. Definitivamente, Deus *não* é a figura sentimental do avô que nunca disciplina os netos. Mas como o próprio amor, Deus diz sim para nós, mesmo diante do nosso não a ele. Receio, no entanto, que haja umas poucas linhas inquietantes no livro que nos farão negligenciar outros trechos que proporcionam certo equilíbrio.

Alguns cristãos certamente irão reagir a esta surpreendente e talvez preocupante declaração do pai: "Em Jesus eu perdoei todos os humanos por seus pecados contra mim" (p. 209). Muitos cristãos conservadores veem cada pessoa que encontram como um "pecador a caminho do inferno". Há pessoas que olham as outras como não perdoadas, a menos que possam descrever sua conversão a Cristo por meio do arrependimento e da fé. A maioria das igrejas conservadoras ensina que, a menos que consigam estar salvos, os não cristãos estão destinados ao inferno por causa da ira de Deus.

Young diz que tais noções nos levam à direção errada. Deus não é assim, e é errado adotarmos essa atitude diante de pessoas a quem ele ama (e ele ama a todos). Esse não é um ponto periférico, mas central na mensagem de *A cabana*. O autor quer que todos os cristãos, mas especialmente os cristãos conservadores, mudem sua perspectiva em relação a Deus e às pessoas. Contrariamente àquilo que muitas pessoas pensam, Deus não é um juiz severo exigindo que façamos algo para que ele nos perdoe. O perdão já é nosso. Esse ponto parece bíblica e teologicamente correto?

Mostrando o coração do Pai

Vamos começar com o retrato da natureza de Deus de *A cabana*. Como Deus é? Qual é a disposição de Deus em relação a nós? Fica muito claro que *A cabana* abraça o tema da Bíblia de que Deus é nosso pai e considera isso como o motivo principal de Deus revelar a si mesmo para nós. A escolha do nome *Papai* para Deus é marcante. É a tradução do autor do uso que Jesus faz do *Abba*. *Abba* era um termo familiar para o pai de alguém na cultura antiga. Chamar Deus de *Abba* foi revolucionário no tempo de Jesus, pois tal termo sugere que Deus é muito mais como um papai que se relaciona com seus filhos com perfeita benevolência, sem julgamento punitivo. Em *A cabana,* esse retrato de Deus controla todos os outros retratos bíblicos. Vejamos por quê.

Papai diz para Mack: "O Deus que é, o 'eu sou quem eu sou', não pode agir fora do amor!" (p. 92). Mas qual é a prova de que essa é a característica mais importante e a disposição de Deus para conosco? A cruz de Jesus Cristo. Para Young, a cruz é *a* revelação do coração de Deus, que é de amor abnegado. Mack diz a Papai: "Lamento muito que você, que Jesus tivesse de morrer" (p. 92). (Mais uma vez, o autor parece estar um pouco confuso aqui; apenas o Filho morreu na cruz.) Deus diz para Mack: "Sei que lamenta e agradeço. Mas você precisa saber que nós não lamentamos nem um pouco. Valeu a pena. Não é, filho?", Jesus responde: "Sem dúvida! [...] E eu teria feito aquilo mesmo que fosse *somente* por você. Mas não foi!" (pp. 92-3).

Mais tarde, Mack revela que, como muitas pessoas, por causa da cruz, ele achava mais fácil gostar de Jesus do que do Pai (Papai). Ao que parece, Mack cresceu com a ideia de que a cruz era a maneira de Deus, o Pai, de dar o "troco" na humanidade como vingança pela nossa pecaminosidade.

Isto é, Jesus se ofereceu voluntariamente para sofrer a punição no nosso lugar para aplacar a ira do Pai.

Pai corrige a concepção errônea de Mack (e a nossa) de que a cruz é tudo. Ele fala para Mack que Jesus veio como um de nós para nos mostrar quem é o Pai. Mas, ao contrário, muitas pessoas frequentemente jogam Pai e Filho um contra o outro, como se fossem "policial bom/policial mau". Quando querem que as pessoas façam o que elas pensam ser a atitude correta, recorrem a um Deus severo, que normalmente é o Pai. Mas, quando precisam de perdão, se dirigem a Jesus. Papai corrige essa concepção errônea tão comum. Ele diz a Mack que na cruz Jesus mostrou perfeitamente o coração do Pai: "Eu amo vocês e os convido a me amarem" (p. 174).

Em outras palavras, a morte de Jesus na cruz revela não apenas o amor de Jesus por nós, mas também o amor de Deus por nós. Não é uma expressão da ira de Deus, mas *a* expressão absoluta do amor de Deus. Como? É uma questão teológica profunda e difícil. Os teólogos desenvolveram muitas teorias para explicar o que aconteceu na cruz — como o sacrifício de Jesus nos salva. *A cabana* simplesmente diz que, por meio da morte e da ressurreição de Jesus, Deus agora está totalmente reconciliado com o mundo (p. 180).

Escondida no plano de fundo está a ideia de que o sacrifício de Jesus pagou a penalidade que nos era devida por causa do nosso pecado. Mas o autor nunca dá uma explicação de como ela funcionou. Uma possibilidade é a de que Deus precisava demonstrar com que seriedade ele leva o pecado e, assim, ele entrou no nosso mundo pecaminoso na pessoa de Jesus e sofreu a penalidade que nós merecíamos. Como Paulo diz em 2 Coríntios 5:21: "Deus tornou pecado por nós aquele que não tinha pecado, para que nele nos tornássemos justiça de Deus." Antes disso, o apóstolo diz: "Deus em Cristo estava reconciliando consigo o mundo, não levando em conta os pecados dos homens" (v. 19).

Para Young, essa é uma evidência clara de que a disposição mais fundamental de Deus para conosco é de amor. Deus queria estar reconciliado conosco, mas nosso pecado mantinha-se no caminho de sua santidade. Deus sofreu e morreu como uma punição substitutiva por aquilo que merecíamos. Agora nós não precisamos ser punidos. E isso significa o *mundo inteiro*, conforme Paulo fala em 2 Coríntios 5.

Um adesivo muito popular diz: "Deus abençoe a todo o mundo... Sem exceção." *A cabana* diz que Deus já fez isso! Cristo morreu por todos, para que todos sejam aceitos por Deus como já perdoados.

Está consumado

Estou esticando o propósito do autor? Não penso assim. Papai e Mack se enredam em uma discussão difícil sobre o assassino de Missy. Compreensivelmente, Mack odeia o assassino e pretende se vingar. Ele quer que Deus odeie o Matador de Meninas e que queira se vingar. Papai gentilmente empurra Mack na direção do perdão, dizendo que Deus deseja redimir o Matador de Meninas. Então, Mack deixa escapar: "Não quero que você o redima! Quero que o machuque, castigue, mande para o inferno" (p. 208). Mas Deus pacientemente explica a Mack que esse não é o seu jeito. Deus olha diretamente para os olhos de Mack e afirma que, pelo que Jesus fez na cruz, não há qualquer lei que exija que Deus se lembre do pecado das pessoas. Pecar não causa mais interferência no seu relacionamento. Creio que Young pensa sobre a cruz como uma transação objetiva em que a lei separando Deus das pessoas pecaminosas esteja satisfeita e não mais em vigor.

Então, vem algo chocante. Mack, referindo-se ao Matador de Meninas, diz: "Mas esse homem..." Deus responde: "Ele também é meu filho. Quero redimi-lo" (p. 209). Isso significa que Deus já não o tinha perdoado? Não penso assim. Não é isso que Young quer dizer. Por *redimir* ele quer dizer algo além do perdão, de ter um relacionamento pleno com ele. O perdão não cria um relacionamento automaticamente (p. 210). Deus já havia perdoado o Matador de Meninas, assim como já havia perdoado Mack. Isso é revelado quando Papai menciona os homens que crucificaram Jesus — o crime mais horrível da história —, dizendo a Mack que na cruz Jesus perdoara aqueles homens. Assim, eles não faziam mais parte da dívida de Deus. Ele diz: "No meu relacionamento com aqueles homens, jamais falarei do que eles fizeram nem irei envergonhá-los ou constrangê-los" (p. 209).

De acordo com Young, todos já foram perdoados por Deus, seja o que for que tenham feito. A cruz consumou objetivamente o perdão divino, que não está reservado ao comportamento adequado ou ao arrependimento. Quando Jesus disse: "Está consumado!" (João 19:30), ele quis dizer isso. A reconciliação entre Deus e a humanidade foi feita por causa do amor de Deus. Porque Deus é amor.

Mas e a ira de Deus? O apóstolo Paulo diz que "a ira de Deus é revelada dos céus contra toda impiedade e injustiça dos homens que suprimem a verdade pela injustiça" (Romanos 1:18). Há muitas referências à ira de Deus na Bíblia, e Mack as conhece bem. Então, ele diz a Papai: "O Deus que me ensinaram derramou grandes doses de fúria, mandou o dilúvio e lançou pessoas em um lago de fogo" (p. 109). Deus responde que fica furioso; qual pai não ficaria?

Mas, em se tratando de ira, Papai não parece pronto a concordar com isso. Ao contrário, Papai diz que ela — Deus — não é quem Mack acha que é. Deus não precisa punir as pessoas por seus pecados. O pecado é o próprio castigo, pois corrói as pessoas por dentro. "Meu objetivo não é castigar. Minha alegria é curar" (p. 109).

Como se isso já não fosse bastante estranho, *A cabana* vai mais além. Deus não apenas fica furioso conosco, mas não nos pune, como também nunca fica desapontado conosco! Em uma estranha conversa entre Papai e Mack sobre as expectativas e as responsabilidades, Deus nega ter expectativas para conosco ou mesmo ficar desapontado (p. 192). Mas não é tão simples quanto parece. Algumas pessoas farão a leitura disso como uma prova de que o autor é um liberal de bom coração! Certamente seu Deus é uma projeção da sua própria brandura. No entanto, Deus explica para Mack que, em vez de "expectativas", ele tem "prontidão", que é mais adequado para os relacionamentos.

Estou me antecipando a mim mesmo aqui, mas o Deus de *A cabana* não está simplesmente descartando nosso comportamento como algo sem importância; é importante para ele o modo como agimos. Mas colocar expectativas sobre nós apenas nos leva à culpa e à vergonha. E Deus não está interessado em fazer isso. Ele quer estabelecer relacionamentos animados e amorosos conosco, nos quais desejemos agradá-lo.

O Deus de *A cabana* é como o pai da parábola que está esperando o filho pródigo. Deus perdoa seus filhos pródigos — todos eles — com um grande custo para ele mesmo. Deus fica furioso, mas nunca desapontado conosco (adiante falaremos mais sobre esse assunto). Ele aguarda com prazer e espera a nossa resposta plena e de bom grado às suas propostas de amor. E Deus nos respeita. Para Mack ele afirma que os humanos são incrivelmente maravilhosos e merecem respeito apesar das suas escolhas horrendas e destrutivas. Somos o auge da Criação de Deus e o centro do seu afeto (p. 178).

Quando Young diz que Deus nos respeita, ele quer dizer: "Penso que Deus respeita a nossa liberdade de fazer escolhas, mesmo quando sabe que essas escolhas não são em nome do nosso melhor interesse. Ele nos deixa recusar seu convite para entrar em um relacionamento com ele, que é possível por meio da cruz. Deus já se decidiu pela reconciliação; agora é a nossa vez de responder.

Não somos culpados na visão de Deus? Não de acordo com *A cabana*. Deus diz para Mack: "Filho, isso [o relacionamento] não é para envergonhar você. Não uso humilhação, nem culpa, nem condenação. Elas não produzem uma fagulha de plenitude ou de justiça" (p. 208).

Isso não significa que todos já desfrutam de um bom relacionamento com Deus. De jeito nenhum! O perdão não cria relacionamentos automaticamente. É onde o respeito de Deus por nós entra em cena. Se quisermos um relacionamento com Deus é agora nossa escolha, não de Deus. Mas, mesmo que não queiramos esse relacionamento, nosso *não* a Deus não cancela o seu *sim* para nós em Jesus Cristo. Isso que é uma boa notícia de fato — se for verdade.

A ira, o amor e o perdão de Deus

O retrato da natureza de Deus de *A cabana*, assim como sua atitude para conosco, pecadores, é bíblica e teologicamente correto? Será que devemos acreditar nele e adotá-lo? Alguns o rejeitaram como uma heresia. E eu não sou um deles. Ao mesmo tempo, não me convence completamente.

Evidentemente, *A cabana* não está tentando explicar tudo o que a Bíblia diz sobre Deus; em alguns casos parece ignorar algumas facetas de Deus na história bíblica. Penso que o autor acredita no que é chamado de revelação progressiva; os últimos estágios da Bíblia e especialmente as histórias de Jesus nos Evangelhos explicam isso melhor. O amor de Jesus e o amor do Pai com quem ele conversa são de extrema importância em *A cabana*. A parábola do Filho Pródigo parece ser a orientação principal que devemos usar para compreender Deus. As partes da Bíblia que parecem conflitar com a visão do autor são qualificadas em sua luz do amor de Deus expresso em Jesus.

Essa é uma boa abordagem de Deus para a fé cristã? Tem os seus riscos, sem dúvida. Precisamos ter muito cuidado para não selecionar da Bíblia apenas aquilo que é confortável ou desejável. A mensagem da Bíblia não tem apenas a intenção de nos confortar, e Young admite isso. Mas eu me pergunto se o autor fez justiça com o retrato holístico de Deus que provém da Bíblia.

Concordo que Deus é amor acima de tudo, e que ele não pode agir além do amor. Assim, qualquer que seja a ira de Deus, ela não pode ser contrária a seu amor. Também concordo que o nosso melhor indício da natureza de Deus é Jesus, que disse a seus discípulos: "Quem me vê, vê o Pai" (João 14:9). O coração de Deus deve bater da mesma forma que bate o coração de Jesus, que chorou sobre Jerusalém e nos disse para amar os nossos inimigos (Mateus 5:44). Deus nos diria para fazer aquilo que ele não pode ou não quer fazer? No geral, concordo com *A cabana* que Deus é diferente daquilo que muitos pensam sobre ele. Ele é amor perfeito sem mescla de ódio. Sua ira, então, deve ser uma dimensão do seu amor; é a chama do seu amor para com aqueles que o rejeitam e vivem contrários a ele.

Tendo concordado em grande medida com *A cabana* em relação a Deus, permita-me, no entanto, levantar algumas preocupações. Primeiro, é verdade que Deus já perdoou a todos por qualquer coisa que tenham feito ou ainda vão fazer?

Penso que seria melhor dizer que Deus, em Cristo, lançou as bases para o perdão; ele fez todo o necessário para nos perdoar. Ele tem um coração indulgente para com todos. Mas o perdão chega até nós apenas quando nos rendemos a ele, quando depomos nossas armas defensivas contra o seu amor e o aceitamos como nossa única esperança na vida e na morte. Young deve ter esquecido o que Jesus disse ao ensinar a seus discípulos a Oração do Senhor: "Pois se perdoarem as ofensas uns dos outros, o Pai celestial também lhes perdoará. Mas se não perdoarem uns aos outros, o Pai celestial não lhes perdoará as ofensas" (Mateus 6:14,15).

Teria sido melhor que o Deus de *A cabana* dissesse para Mack que está pronto para perdoar, mas que não pode fazê-lo até que as pessoas cumpram certas condições. Somente a fé é exigida (Efésios 2:8,9). Mas a explicação de *A cabana* para o perdão divino lembra o cético que foi questionado em relação ao que pensava, se Deus o perdoaria: "Perdoar — essa é a profissão de Deus!" É muito automático para mim.

Também tenho dúvidas sobre a afirmação de que Deus nunca fica decepcionado conosco, nunca nos responsabiliza pela nossa culpa e nunca nos pune. Isso simplesmente não está em consonância com o amor verdadeiro. E a Bíblia indica claramente o desapontamento de Deus com as pessoas. Israel sempre desapontava a Deus. No livro de Oseias, por exemplo, Deus fica desapontado com a idolatria de Israel assim como a infidelidade de uma mulher desaponta seu marido. E o que dizer da frequente manifestação de tristeza de Deus por ter feito as pessoas e por ter escolhido Israel? O que falar do desapontamento de Jesus com Pedro quando ele o negou? E como alguém biblicamente letrado pode negar que Deus pune as pessoas que fazem coisas terríveis para outras? "Seria melhor que ela [que incita os outros ao pecado] fosse lançada ao mar com uma pedra de moinho amarrada no pescoço" (Lucas 17:2). Ao longo das Escrituras, Deus adverte para o julgamento e a punição dos malfeitores.

Isso não pode ser conciliado com o coração paternal e amoroso de Deus? Sim. *A cabana* está absolutamente certa naquilo que afirma em relação a Deus, mas absolutamente errada naquilo que nega em relação a ele. Deus é amor e nunca age além do amor. Mas ele também tem expectativas e fica desapontado quando nós, com sua ajuda, não as cumprimos. Ele também pune os culpados, mas sem atitude vingativa ou abominável. Tudo isso é compatível com o amor.

Podemos apreciar o retrato do coração de Deus em *A cabana* enquanto hesitamos em abraçar alguns de seus aspectos mais extremos. Ele serve como um corretivo maravilhoso para algumas ideias muito erradas sobre Deus em nossas igrejas e na sociedade. O juiz furioso que é mesquinho com o seu amor e perdão é estranho ao Pai compassivo de Jesus. Mas temos de ter cuidado para não jogar fora o bebê da justiça e da santidade de Deus com a água do banho do Deus cruel.

Um refúgio doloroso

Isso naturalmente conduz ao tema do inferno. O que é o inferno para o autor de *A cabana*? Ele nos diz que Deus não escolhe alguém para ir para o inferno, e sugere indiretamente que Deus não envia ninguém ao inferno. Para ilustrar essas verdades, Sophia, a sabedoria de Deus personificada, pede para Mack julgar os seus cinco filhos e escolher dois para passar a eternidade no céu e três para passar a eternidade no inferno (pp. 148-9). É uma cena visceral. É claro que Mack não quer fazer isso. Afinal, ele é um pai amoroso. Qual pai o faria? E, se chamar Deus de "Pai" significa alguma coisa, deve haver alguma semelhança entre os nossos melhores entendimentos entre o que significa ser pai e Deus. Assim, *A cabana* nos mostra Mack se recusando obstinadamente a realizar o pedido de Sophia. Ele implora para ir para o inferno no lugar dos filhos. Sophia se apieda e diz: "Agora você está falando como Jesus. [...] É assim que Jesus ama" (p. 150). O contexto deixa claro que essa é a forma como Deus, o Pai, também ama.

De qualquer forma isso não nos diz muita coisa sobre o inferno. Somos levados a imaginar o que Young pensa sobre o inferno. Mas não é difícil de adivinhar. A lógica da história deixa o inferno como no máximo um "refúgio doloroso" que Deus providencia para aqueles que teimosamente resistem a seu amor. É possível que o autor não acredite no inferno de jeito nenhum, mas eu duvido disso. C. S. Lewis forneceu uma imagem do inferno em *O grande abismo* que é compatível com o retrato de Deus e dos seres humanos de *A cabana*. O inferno não é para onde Deus envia os pecadores, mas é para onde fogem no final as pessoas que resistem ao amor de Deus por não quererem passar a eternidade com Deus. O inferno não é a tortura divinamente infligida; é o tormento de viver eternamente sozinho com a sua própria natureza infernal.

A lógica de *A cabana* parece exigir que Deus nunca esqueça ou abandone aqueles que fogem para o inferno.

Certamente esse Deus os seguiria para sempre, muito embora haja uma pequena chance de se arrependerem e aceitarem seu perdão.

Uma marca evidente da verdade é aquela que conforta os aflitos e aflige os confortados, aqueles que são complacentes em seu pecado ou que se sentem muito confortáveis em seu estado espiritual. *A cabana* é maravilhosa para os aflitos. Os confortados precisam de algo mais.

capítulo sete

O que Deus quer conosco?

A *cabana* é uma história de mal e redenção; retrata poderosamente a condição humana e o poder de Deus em nos mudar. Neste capítulo, examinaremos a descrição que a história faz do pecado e do mal, bem como da salvação. Sem dúvida, muitas pessoas em nossa sociedade não têm certeza do que significam *pecado*, *mal* e *salvação*. Há pouco consenso social sobre tais palavras, e muito frequentemente as igrejas não os ensinam com clareza. Suspeito de que William Young teve a intenção de desenvolver uma história que ensinasse o que ele considera a verdade bíblica sobre essas realidades.

Termos preocupantes

O *mal* é o mundo sujo de muitos círculos sociais. Não ouvimos políticos, empresários ou artistas falarem disso com frequência. Quando o fazem, é geralmente de modo confuso. Na verdade, alguns anos atrás, o presidente americano Ronald Reagan falou de um "império do mal". E o presidente George W. Bush falou das três nações como um "eixo do mal". Ambos foram severamente criticados por suas declarações. Quem sabe de verdade o que é o mal? E como é que ele se encaixa em um Deus Todo-poderoso e pleno em bondade, que criou tudo e está no comando do mundo?

O psicólogo e autor M. Scott Peck ajudou a recuperar a palavra *mal* ao usá-la entre as pessoas educadas do Ocidente. No livro *O povo da mentira*, Peck relacionou seus próprios atendimentos a algo que ele não conseguiu encontrar no *Manual Diagnóstico e Estatístico de Transtornos Mentais*, um manual básico para psiquiatras e psicólogos. Ele chamou o fenômeno do distúrbio que encontrou de "mal", o qual causou um burburinho entre seus colegas. Mas Peck insistiu que o comportamento de algumas pessoas é tão aberrante e nocivo que só pode ser descrito como mal; nenhum outro termo lhe faria justiça.

Pecado e *salvação* são igualmente termos problemáticos na sociedade atual. O pecado não é apenas ignorância? Não podemos aboli-lo dentro da engenharia social? E a salvação traz imagens de barracas de reavivamento, de pregadores de esquina e de evangelistas que batem de porta em porta. Esses termos são úteis hoje em dia?

A cabana não usa muito as palavras *pecado* e *salvação*, mas a realidade de tais palavras faz parte da essência da história. O mal acontece, o pecado é a causa e a salvação é a cura. E não há jeito melhor de falar deles do que por meio de uma história boa e interessante, como o próprio Jesus sabia!

A ausência de Deus

Quando ouvimos falar do mal, geralmente evocamos imagens de holocaustos ou atos de terrorismo. Mas o que é o mal? É uma substância? O mal se esconde nas esquinas escuras do nosso mundo ou talvez nos recônditos negros da nossa mente? Por que existe mal em um mundo criado pelo Todo-poderoso e bondoso Deus da Bíblia? Conforme já mencionei antes, algumas pessoas têm chamado o problema de mal de a "pedra do ateísmo". Muitos ateus e agnósticos argumentaram que a fé em Deus é impossível à luz dos horrores da história, sobretudo à luz do Holocausto de meados do século XX. Se Deus é real, ele é responsável pelo mal, certo? Que tipo de Deus é esse?

A cabana se volta a uma resposta clássica, embora relativamente desconhecida, ao problema do mal e a coloca na própria boca de Deus. Na pessoa de Sarayu, Deus diz: "Mackenzie, o mal é uma palavra que usamos para descrever a ausência de Deus, assim como usamos a palavra escuridão para descrever a ausência de Luz, ou morte para descrever a ausência de Vida. Tanto o mal quanto a escuridão só podem ser entendidos em relação à Luz e ao Bem. Eles não têm existência real" (pp. 123-4). O autor de *A cabana* está dizendo que não existe essa coisa do mal? De forma alguma. Mas sua linguagem não está ajudando muito.

O que Young está explicando para nós é uma antiga noção cristã proposta pela primeira vez pelos pais da Igreja em seus primórdios. Eles chamaram de mal a "privação do bem", o que significa, segundo Young, que o mal não existe. Mas não é isso que dizem Gregório de Nissa, Agostinho de Hipona e outros filósofos cristãos e teólogos. Quem consegue ler os jornais diários e não acreditar que o mal existe?

Uma ilustração simples pode ajudar a clarear de que forma o mal é uma privação. Quando eu era garoto, minha família foi passear no parque Wind Cave, na região de Black Hills em Dakota do Sul, Estados Unidos. O guia fez todos se sentarem nas plataformas rochosas de uma sala ampla em uma caverna. E então ele apagou as lanternas. Ficou muito escuro. Eu não conseguia ver a minha mão na frente do rosto. Era como se estivesse totalmente cego. E aquela escuridão parecia real — porque era real. Mas era real como ausência de luz. Essa experiência na caverna permaneceu vívida em minha memória durante todos esses anos porque, por alguma razão, o guia não conseguiu reacender as lanternas e teve de nos deixar para trás para consertá-las. Tivemos de ficar sentados ali, na escuridão absoluta — a ausência de luz —, durante cerca de trinta minutos. Acredite em mim, sei que a escuridão existe!

Portanto, sim, a escuridão é real. Assim como o mal. Ambos são reais precisamente como condições de ausência, vazio, vácuo. O mal nada mais é senão a ausência do bem, mas que existe, existe. Todavia, Deus não o criou. As criaturas o criaram. Bem, para ser mais preciso, ninguém o *criou*, porque ele não foi criado de modo algum. Nós o tornamos realidade ao abandonar a vontade perfeita de Deus. Todos nós somos capturados por essa condição de ausência do bem, à qual chamamos de "mal".

O mal como privação do bem não se coaduna com algumas pessoas. Não com Mack — pelo menos à primeira vista. Isso é compreensível. Missy foi raptada e assassinada. Quanto mal houve nisso! Como Deus ou alguém pode dizer que foi apenas a ausência do bem? Mas nós não deveríamos usar a palavra *apenas*. Quando me sentei naquela caverna escura na minha infância, eu não pensei: *É apenas a ausência de luz*. A ausência pode ser, e muitas vezes é, opressiva, cheia de terror e até mesmo radical.

O mal é uma força poderosa, um buraco negro sugando coisas e pessoas para dentro de si mesmo, embora ele não tenha existência. E o mal decorre da nossa ação, não da de Deus. O autor de *A cabana* é exato a esse respeito.

Mas eu me pergunto: o que aconteceu com Satanás e com os "poderes e autoridades" espirituais nessa história de mal e redenção? Embora eu não queira me estender nessa dimensão do mal, a Bíblia está repleta dela! Um livro como esse, ao que parece, deveria tentar encaixar Satanás e os demônios em algum lugar da sua história — exatamente como a Bíblia o faz. Com certeza, o reino demoníaco não é a causa do mal; *nós* somos. Mas essa força pessoal obscura no Universo tem muito a ver com o mal, ao tentar, ao atrair e dar oportunidades para ele entre nós. A Bíblia diz que Satanás é como um "leão, rugindo e procurando a quem possa devorar" (1 Pedro 5:8). *A cabana* não deveria dizer algo sobre o papel de Satanás em acontecimentos como o assassinato de Missy?

Declaração de independência

O mal então é o vácuo poderoso criado pela deserção humana da vontade de Deus. Outra palavra associada é *pecado*. *A cabana* não usa muito essa palavra, o que pode levar algumas pessoas a pensar que Young é flexível em relação ao pecado. No entanto, uma leitura atenta revela que ele é quase obsessivo com o pecado. O pecado é o que leva ao mal, e é uma realidade horrível que está na raiz de todo o caos, anarquia e desrespeito às leis em nosso mundo.

De acordo com *A cabana*, o pecado é a declaração de independência da humanidade em relação a Deus. Ele frequentemente repreende Mack, e por extensão todos nós, por sua independência. Apenas as criaturas podem pecar, e o fazem a qualquer hora e por qualquer motivo, quando se desviam de Deus e se voltam para si mesmas. Os humanos caem em autoidolatria. Cultuamos a nós mesmos em vez de cultuar a Deus. Toda vez que resolvemos ser os juízes do certo e do errado no lugar de Deus não pensamos, a maioria de nós, que estamos adorando a nós mesmos, mas estamos, sim.

Quando Mack pergunta a Sarayu como o mundo pode ser consertado, ela afirma que os seres humanos devem desistir do direito de julgar o bem e o mal de acordo com seus próprios termos. Devem suspender sua declaração de independência de Deus, porque isso apenas os faz mergulhar na escuridão. O resultado é a morte, por estarem afastados da fonte da vida, que é Deus (pp. 123-4). Segundo *A cabana*, o mundo abandonou a bondade que originalmente possuía por causa da liberdade do ser humano, da escolha voluntária de tentar viver sem Deus. Estamos agora valorizando as coisas com base nos nossos próprios interesses mais do que na bondade de Deus. O autor delineia essa condição humana desde a Queda no Éden: "A escolha de comer daquela árvore [do conhecimento do bem e do mal] rasgou o universo, divorciando o espiritual do físico. Eles [Adão e Eva e seus descendentes] morreram expelindo no hálito de sua escolha o próprio hálito de Deus" (p. 123).

O mal é o resultado do pecado, e o pecado é o resultado da deserção do ser humano de Deus — a Queda. O quadro da condição humana pintado em *A cabana* é bastante triste. Mas o Cristianismo ortodoxo e bíblico, com todos os seus açoites, sempre ensinou essas coisas. O pecado e o mal são culpa dos seres humanos, não de Deus. São reais no nosso mundo por causa do uso indevido que fizemos da bela dádiva recebida do livre-arbítrio. O problema não é essa substância ou força ruim que nos envolve; é o velho hábito humano de tentar ser independente de Deus. É um hábito universal e não existe uma explicação racional para ele. A Bíblia chama isso de "mistério da iniquidade" (2 Tessalonicenses 2:7).

O nosso relacionamento com Deus é rompido pelo pecado. *A cabana* salienta que não temos um bom relacionamento com Deus, que estragamos tudo à nossa volta. Mas Deus deseja nos restabelecer. Ele quer que sejamos restaurados. Deus quer que o nosso relacionamento com ele seja curado (que significa literalmente "restaurado"), e está disposto a fazer todo o trabalho por nós. Essa é a salvação, que significa "estar restaurado".

Embora concorde com o retrato que *A cabana* faz do pecado como um relacionamento rompido com Deus, que dá origem a todos os outros, avalio se o livro oferece uma imagem suficientemente profunda de nossa situação desagradável no pecado. De acordo com Efésios 2:1,2, todos os seres humanos "estavam mortos em suas transgressões e pecados [...] quando seguiam a presente ordem deste mundo e o príncipe do poder do ar", que é Satanás. A imagem bíblica da nossa humanidade desassociada de Deus é desoladora, para dizer o mínimo! *A cabana* não a nega, mas também não lhe faz justiça de fato, pois sugere que ainda somos capazes de iniciar e estabelecer um bom relacionamento com Deus ao responder livremente ao seu amor sem qualquer ação sobrenatural e transformadora da parte Deus dentro de nós.

Restaurando relacionamentos rompidos

A obra da salvação começa com Deus. De acordo com *A cabana*, e o ensinamento cristão histórico, pessoas caídas não podem ajudar a si mesmas; não podem puxar a si mesmas de sua própria autossuficiência. A primeira coisa que deve acontecer é a restauração, por parte de Deus, do relacionamento rompido. O autor de *A cabana* deixa absolutamente claro que o pecado não tem apenas nos prejudicado, mas também tem prejudicado a Deus. Isto é, Deus não pode simplesmente perdoar os humanos sem fazer algo em relação à sua culpa. A solução é Jesus Cristo e especialmente sua cruz. Deus fala para Mack, que perguntou o que Jesus realizara na cruz, que, por meio da morte e ressurreição de Jesus, Deus está plenamente reconciliado com o mundo (p. 180). Com a morte de Cristo na cruz, Deus reconciliou-se com o mundo e o mundo reconciliou-se com Deus. Não é fornecida nenhuma teoria sobre como isso funciona; simplesmente é declarado como fato.

Deus tinha um problema por causa do pecado. Desejava restabelecer o relacionamento rompido porque ele ama o mundo — todas as pessoas. Mas não podia apenas agitar uma varinha mágica e dizer: "Não importa qual tenha sido o pecado; todos vocês estão perdoados" sem que um preço fosse pago ou que uma penalidade fosse sofrida. Em Jesus, Deus fez exatamente isso, e agora Deus está plenamente reconciliado com o mundo. No que diz respeito a Deus, o relacionamento rompido já está restaurado. Tudo o que espera é que façamos alguma coisa.

Sobre a reconciliação de Deus com o mundo, Mack pergunta: "Com o mundo inteiro? Quer dizer, com os que acreditam em você, não é?" Deus responde: "Com o mundo inteiro, Mack." A reconciliação, Deus explica, é uma via de mão dupla. Deus fez a sua parte "totalmente, completamente, definitivamente". Deus diz a Mack que o amor não pode forçar um relacionamento, que pode apenas abrir o caminho para um relacionamento (p. 180). O que o autor quer dizer?

O propósito de *A cabana* é dizer que, em virtude da cruz, a situação predeterminada de cada ser humano é a de perdoada e reconciliada com Deus. Ninguém está excluído. Mas isso é como uma anistia; pois, para favorecer alguém de fato, a pessoa tem de recebê-la e não abrir mão dela. Então esse é o resto da história. Deus preparou o caminho para um relacionamento restaurado; o resto é conosco. *A cabana* deixa absolutamente claro que o perdão não estabelece um relacionamento (p. 210). O relacionamento exige uma resposta daquele que foi perdoado.

A explicação da salvação de *A cabana* é emocionante, mas não totalmente bíblica. O que está faltando? A velha verdade bíblica e cristã da *regeneração*, que significa nascer de novo, ser reavivado, criado de uma nova forma pelo Espírito de Deus. "Se alguém está em Cristo, é nova criação. As coisas antigas já passaram; eis que surgiram coisas novas!" (2 Coríntios 5:17). Essa obra de Deus em nós se sobrepuja à morte espiritual herdada dos nossos pais e antepassados. Young tenta encerrar toda a salvação no conceito de um relacionamento restaurado, e não há nada de errado em colocar isso como central. Mas não pode ser a história toda. A única razão para que possamos ter um relacionamento restaurado com o nosso Pai celestial é devido à ação do Espírito Santo dentro de nós. Desassociados da obra do Espírito, nós nem ao menos iríamos desejar um relacionamento restaurado com o Pai! E para isso é preciso mais que uma longa conversa com Deus; é preciso uma intervenção poderosa dentro de nós, com o Espírito de Deus nos recriando, para que possamos ser restaurados à comunhão com Deus.

Uma resposta livre e voluntária

Mesmo a nossa resposta a Deus é produzida em nós por ele. Nitidamente, esse não é o ponto de vista de *A cabana*. Em todo o livro, Young faz repetidas menções à nossa resposta voluntária. E verdadeiramente tais respostas são nossas. O que devemos fazer? *A cabana* descreve a resposta desejada de várias maneiras, mas todas elas têm em comum que são *livres* e *voluntárias*. São todas verdadeiramente as *nossas* respostas e não as produzidas por Deus.

É necessário parar aqui e explicar um pouco de teologia. Alguns cristãos acreditam que Deus é a realidade que a tudo determina. De modo um tanto oculto e misterioso, Deus é a causa derradeira de tudo. O autor de *A cabana* não acredita que Deus determine todas as coisas, mesmo que secreta e indiretamente. Nada poderia ser mais claro. Deus, sobretudo, não manipula nem "inclina" a vontade das pessoas em responder a ele, como alguns cristãos acreditam. Se as pessoas respondem a Deus, tal resposta é completamente delas. Sim, porque são pessoas caídas, cuja vontade está vinculada ao pecado. Mas, por sua graça, Deus lhes concede a capacidade de decidir livremente se respondem ou não a Deus.

Essas duas visões cristãs tradicionais incluem-se no escopo do Cristianismo bíblico e ortodoxo. Ambas as posições podem apelar para as Escrituras e encontrar fortes defensores entre os pais da Igreja e os Reformadores. Ambas afirmam com veemência que a graça de Deus é o único terreno e fonte de qualquer resposta positiva a Deus.

Há, porém, algo sobre a explicação da salvação em *A cabana*, o relacionamento restaurado entre Deus e o homem, que não está totalmente à altura da teologia cristã clássica. Ela parece enfatizar demais o livre-arbítrio humano em detrimento da graça de Deus. As Escrituras e a teologia cristã clássica dizem que, se uma pessoa responde positivamente a Deus, essa resposta é possibilitada pela graça Deus, o que em teologia é chamado de graça preveniente (precedente). A graça de Deus inicia o relacionamento e torna possível a resposta humana necessária sem coerção. Ela cura as feridas fatais do pecado que vinculam os nossos desejos à rebelião contra Deus e liberta a vontade. Dessa forma, quando vamos responder a Deus para que o nosso relacionamento seja restaurado, não podemos nos vangloriar. A salvação é, do início ao fim, um dom de Deus (Efésios 2:8,9).

Parece que *A cabana* negligencia a graça preveniente e pelo menos sugere que os seres humanos caídos podem, sem qualquer ajuda especial de Deus, responder corretamente ao convite de Deus para entrar em um relacionamento restaurado com ele. Embora muitos cristãos não o percebam, todas as denominações cristãs rejeitaram essa ideia. Músicas cristãs populares, palestras e espetáculos de televisão muitas vezes passam uma ideia contrária, retratando um Deus que espera que tomemos a iniciativa. Se não concorda com essa posição não ortodoxa, Young deveria ter feito mais para enfatizar a graça de Deus que precede a nossa resposta. Da forma como se apresenta, o autor deixa a impressão de que somos capazes de responder por nós mesmos. Mas, à luz de Filipenses 2:12,13, isso está errado: "Ponham em ação a salvação de vocês com temor e tremor, pois é Deus quem efetua em vocês tanto o querer quanto o realizar, de acordo com a boa vontade dele."

A resposta correta

Qual é a ideia de *A cabana* em relação à nossa resposta adequada e necessária à obra de Deus em Cristo? Em primeiro lugar, é o retorno a Deus, para nos afastarmos da nossa independência. Deus diz para Mack que o caminho da salvação é "*voltar-se para mim.* Abrir mãos de seus hábitos de poder e manipulação e simplesmente voltar-se para mim" (p. 134). Essa volta é chamada de *conversão* no jargão cristão tradicional.

Em segundo lugar, o caminho para um relacionamento restaurado com Deus é confiar nele, não por obedecer às regras. Deus mostra claramente para Mack que cumprir as regras não é o caminho para um bom relacionamento. Deus deixa Mack chocado quando lhe diz: "Em Jesus você não está sob nenhuma lei. Todas as coisas são legítimas" (p. 189). A lei, Deus diz, foi para nos mostrar nossa incapacidade de ser justos por nossas próprias obras (p. 189). Martinho Lutero disse a mesma coisa há muito tempo, e isso acendeu a fagulha da Reforma no século XVI. Mas o próprio Lutero diria que simplesmente recebeu tais palavras do apóstolo Paulo (Gálatas 3:19-29). Assim, Young não está dizendo nada de novo ou herético. Mas, se não for pelo cumprimento das regras, qual é o caminho para um bom relacionamento com Deus? Em uma das mais simples e mais profundas declarações contidas no livro, Deus fala para Mack que ele quer que as pessoas confiem nele com a pouca habilidade que têm, e que cresçam no amor pelos outros como Deus as tem amado (p. 167). O tema principal de *A cabana* é a *confiança*. Deus quer a nossa confiança, e ela conduzirá a todo o resto. Os teólogos chamam isso de "justificação pela fé apenas".

Deus vai um pouco mais longe ao discursar sobre a mudança que deseja em Mack (e em nós), para que possam ter um relacionamento restaurado. Em determinado ponto Deus incentiva Mack a se afastar da independência cedendo ao julgamento de Deus. Ele compara a falha declaração humana de independência ao julgar Deus. Quando as pessoas fazem isso, elas afastam Deus de si mesmas por deduzirem que sabem melhor do que Deus como as coisas deveriam ser (p. 152). É isso que significa confiar em Deus — não julgar Deus, mas acreditar que ele é bom, não importa o que aconteça. Temos de nos tornar como um menino diante de seus pais zelosos; podemos não entender seus caminhos, mas acreditamos que sejam irrestritamente bons.

O último passo no projeto de restauração é o mais difícil para Mack e para a maioria das pessoas: perdoar aqueles que nos prejudicaram terrivelmente. Em uma cena do livro, uma visão do paraíso, Mack vê seu pai violento e corre para abraçá-lo. Parece um pouco fácil e agradável demais. Mas em seguida Mack se sente aliviado de um grande fardo. No dia seguinte, Deus diz: "Perdoar seu pai ontem foi extremamente importante para você poder me conhecer como pai hoje" (p. 206). Agora vem a parte mais difícil de todas. Deus pede para Mack perdoar o monstro que sequestrou e assassinou sua filha. Perdoá-lo é para o bem de Mack, assim como para o bem do assassino: "Mack, perdoar esse homem é entregá-lo a mim e permitir que eu o redima" (p. 208). No fim, Mack perdoa o Matador de Meninas, uma vez que percebe que isso não requer que ele esqueça o que esse homem fez ou mesmo ter um relacionamento com ele. Deus fala para Mack que perdoar não significa isentar de culpa. Além disso, perdoar não significa abandonar a justiça. Deus diz a Mack que ele não tem o dever de fazer justiça, que o proíbe de absolver o Matador de Meninas. Deus vai cuidar disso (p. 211). Em outras palavras, a vingança, se houver alguma vingança, é de Deus. Deixar isso para Deus faz parte de confiar nele.

Mal, pecado e *salvação*. É disso que *A cabana* trata. É uma teologia boa e bíblica? É verdadeira? Os leitores deveriam acreditar em sua mensagem? Alguns críticos sem dúvida recomendarão com insistência que você não acredite nela. Para eles, a mensagem do livro é que Deus representa uma figura tranquila, com cara de avô, que é complacente conosco e não nos responsabiliza pelo que fazemos. Para outros, a mensagem é que Deus quer nos absorver em si mesmo, sem deixar espaço para pensamentos ou ações independentes. Há alguma verdade nas duas críticas de *A cabana*, mas no geral a mensagem do livro sobre mal, pecado e salvação é bíblica e teologicamente correta.

capítulo oito

Os que molestam crianças irão para o céu?

Devo confessar que assisto a muitos documentários e docudramas sobre crimes na televisão. Sou fascinado pelas reações tão diversas das famílias das vítimas de assassinato em relação aos criminosos. Um padrão que tenho notado é que as famílias das vítimas quase sempre acreditam que a pessoa acusada é culpada, mesmo quando há uma pequeníssima prova e a pessoa é inocentada por um júri. Lembro-me de um documentário que falava sobre a história de um adolescente acusado de matar uma garota da vizinhança. Os pais da garota vomitavam um ódio venenoso contra ele e lhe desejavam todas as dores possíveis. Anos mais tarde, depois que ele cumpriu um tempo na prisão, provou-se que o garoto não era culpado. As provas de DNA revelaram que outra pessoa cometera o crime. Curiosamente, os pais da garota se recusaram a fazer qualquer comentário.

Mais fascinante ainda, no entanto, são duas respostas radicalmente diferentes dos familiares das vítimas de assassinato quando o acusado é culpado no tribunal. Alguns, talvez a maioria, querem que o assassino receba pena de morte; alguns até se voluntariam para "empurrar o êmbolo" que libera a dose letal de veneno na câmara de execução. Certamente a "Grande Tristeza" recaiu sobre a vida deles e causou-lhes tal ódio. Quem pode culpá-los? O que qualquer um de nós sentiria se nossos filhos fossem assassinados? Não consigo dizer o que eu sentiria ou faria. Mas oro por esses pais das crianças assassinadas, pais amargos, raivosos, cheios de ódio.

De vez em quando, vejo uma reação diferente. Às vezes, uma mãe ou um pai dizem algo como: "Eu já o perdoei pelo assassinato do meu filho." É extremamente raro e traz sentimentos de confusão e assombro. Como poderia um pai perdoar o monstro que matou seu filho? Mas isso acontece. Em 2 de outubro de 2006, um pistoleiro insano invadiu uma escola *amish* na Pensilvânia e atirou em dez garotas antes de se matar. Cinco meninas morreram e cinco sobreviveram. Logo após a tragédia, a comunidade *amish* se reuniu e perdoou o assassino. A mídia foi cruel. Como puderam fazer isso? Programas de entrevistas exploraram a questão e encontraram umas respostas. Era evidente, no entanto, que a fé cristã da comunidade *amish* tinha tudo a ver com isso.

Fico imaginando o que teria acontecido se o assassino tivesse sobrevivido. Ainda assim a comunidade *amish* o perdoaria? Só posso pensar que sim. Os *amish* teriam cooperado em seu julgamento, depondo contra ele? É difícil dizer. Mas a maioria das pessoas considerou o perdão deles ao pistoleiro morto um milagre.

Em 1956, cinco missionários americanos voaram para a selva sul-americana para tentar levar o evangelho aos índios wuaorani (ou aucas). Dentre eles estavam Nate Saint e Jim Elliott. Todos os cinco foram mortos pelos índios. Livros e filmes têm sido produzidos sobre o caso e principalmente sobre as suas consequências. Em vez de pedir às forças armadas para capturar e talvez matar os índios, Raquel Saint e Elisabeth Elliott, as respectivas mulheres de Nate e Jim, perdoaram os assassinos dos maridos e até voltaram para fazer amizade com eles. No fim, os próprios homens que mataram as cinco pessoas foram convertidos a Cristo por meio dos ministérios das mulheres e dos filhos já adultos de Nate e Jim.

Um ato desafiador

O que podemos deduzir do perdão tal como esse? Boa parte de *A cabana* trata disso; o perdão constitui o próprio coração da história. E não é perdão fácil. Afinal, a filhinha de Mack foi raptada, estuprada e assassinada pelo monstruoso Matador de Meninas. Para dizer o mínimo, Mack lutou com seus sentimentos em relação ao assassino e a Deus. Ele também lutou com seus próprios sentimentos por supostamente permitir que isso acontecesse. Sua filha foi raptada quando ele estava ocupado, fazendo alguma outra coisa. A Grande

Tristeza que consumia Mack incluía a falta de perdão. Mas não era apenas a falta de perdão para com o assassino. O encontro de Mack com Deus revelou que a maior parte dos problemas espirituais provinha da sua falta de perdão para com seu próprio pai abusivo.

O perdão é um dos atos mais desafiadores da vida — sobretudo quando se trata de molestadores de crianças.

Temos de acreditar que Deus perdoa molestadores e assassinos de crianças, e permite que eles entrem no céu? Queremos mesmo estar em um paraíso povoado por tais pessoas? Essas são perguntas espirituais primárias que compõem um coro primitivo dentro de nós. Na nossa sociedade não existe um ser mais desprezível do que uma pessoa que abusa de crianças. Até os companheiros encarcerados odeiam quem abusa sexualmente de crianças. Um padre que foi condenado por ter abusado sexualmente de vários garotos foi assassinado pouco depois que entrou na prisão; ninguém teve dúvidas sobre a razão.

A maioria das pessoas não desejaria pôr as mãos em uma pessoa assim, mas também não se lamenta quando um deles é espancado ou morto. Consideramos tais sujeitos menos que humanos e, portanto, justo o que for que acontecer com eles. Como poderemos então ao menos pensar que os veremos no céu? Qual seria a nossa reação se víssemos um deles lá?

O livro *A cabana* levanta sérias dúvidas sobre a nossa condição espiritual quando odiamos alguém — ainda que sejam molestadores.

É nesse aspecto que o livro se torna mais difícil para mim. Suponho que muitos de nós tenhamos alguém no passado, ou talvez no presente, a quem detestamos, mesmo quando afirmamos que não odiamos ninguém. Podemos até dizer para os outros: "Oh, eu o perdoei." Mas nos recessos mais profundos do nosso coração abrigamos a amargura, o ressentimento e o ódio por tal pessoa. Isso é humano. Mas não é bom nem direito. *A cabana* nos faz encarar o nosso próprio íntimo, o que é uma das suas maiores virtudes. Faz-nos sentir certo desconforto. Mesmo que não gostemos da maioria das pessoas e que de fato não odiemos ninguém, em *A cabana* nos confrontamos com a questão de qual seria a nossa atitude em relação a um molestador e assassino de crianças. Será que queremos que essa pessoa seja redimida por Deus e bem recebida no céu?

Tornando pessoal

Não penso que a minha própria história de vida seja a única no mundo. Apenas os detalhes são diferentes das muitas outras. Meu pai não era fisicamente abusivo, mas foi um mestre em abuso emocional e espiritual. Ele vivia duas vidas. Aqueles que só o conheciam como seu amado pastor se recusavam a ver os indícios daquela outra vida com a qual eu convivia todos os dias. Depois que ele foi preso, também não queriam ouvir que tinham sido enganados por ele ou que eu tinha sofrido anos de abuso emocional e mental por parte dele.

Fui infeliz o suficiente por experimentar sua vida secreta se desmoronando sobre mim mesmo quando eu tinha 25 anos de idade. Enquanto frequentava o seminário, fui seu pastor assistente. Como muitos outros, via coisas em sua vida e em seu ministério que eu deveria ter questionado. Mas ele fora colocado em um pedestal, e parecia impensável questionar aquele homem de Deus. Em uma noite de outubro, ele me ligou de uma cidade distante onde supostamente teria ido para participar de uma convenção de ministros. Ele estava na prisão. Passei a noite toda no telefone para tirá-lo da prisão, e então conspirei com ele para encobrir a questão. Então ele me pediu para, como seu pastor assistente, me demitir pelo que eu sabia sobre ele. Fiquei devastado, e uma semente de amargura foi plantada profundamente no meu coração. Eu não podia me demitir até que acabasse o seminário, e o meu pai me desprezava pelo que eu sabia. Anos mais tarde, quando tentei intervir em sua vida, ele me rejeitou e abusou de mim verbalmente.

Conforme releio o parágrafo anterior, parece apenas a ponta do *iceberg* do meu relacionamento disfuncional com meu pai. A história toda é longa, sórdida e deprimente. Mas a minha situação não é a única. Descobri que muitas pessoas comuns têm alguém por quem foram feridas tão profundamente que simplesmente não conseguem achar dentro de si mesmas uma motivação para encontrar essas pessoas no céu. Estou aguardando ansiosamente uma reunião com meu pai no céu? Tenho lutado com isso há anos. Ele morreu sem se reconciliar comigo. Para ser absolutamente sincero, sua morte foi um grande alívio para mim.

Nem é preciso dizer que me identifico com Mack. É claro que o que meu pai fez comigo não é em nada semelhante ao que o Matador de Meninas fez com Mack, com sua filha e sua família. Não estou fazendo essa comparação. Mas no livro todo me identifiquei com as feridas profundas de Mack causadas por seu pai e depois pelo Matador de Meninas.

Deus perdoa a todos

Não muito tempo depois de ter lido *A cabana*, compartilhei essa história com um amigo. Manifestei minhas reservas sobre as imagens do paraíso e da grandeza da misericórdia de Deus que o livro transmitia. O meu amigo, que é um pastor e teólogo influente, disse: "Antevejo um céu em que verei uma garotinha morta na câmara de gás de um campo de Auschwitz abraçando Adolf Hitler e o perdoando." Aquilo quase me deixou mudo. Mas essa é a imagem do paraíso em *A cabana*. Segundo o livro, não só poderei ver meu pai abusivo ali, como também poderei presenciar uma dança amorosa e alegre ao redor do trono de Deus incluindo os piores monstros da história mundial e suas vítimas.

O que me leva a essa conclusão em *A cabana*? Em primeiro lugar, Deus diz coisas para Mack, como: "Em Jesus eu perdoei todos os humanos por seus pecados contra mim" (p. 209). Deus lembra Mack que enquanto Jesus estava na cruz pediu ao Pai para perdoar aqueles homens que o estavam matando. "Quando Jesus perdoou os que o pregaram na cruz, eles deixaram de dever qualquer coisa, tanto a ele quanto a mim. No meu relacionamento com aqueles homens, jamais falarei do que eles fizeram nem irei envergonhá-los ou constrangê-los" (p. 209).

E me pergunto: quantas pessoas já ponderaram as palavras de Jesus na cruz sobre os soldados (e talvez sobre outros que participaram indiretamente da sua execução)? Ele disse: "Pai, perdoa-lhes, pois não sabem o que estão fazendo" (Lucas 23:34). Qual crime maior poderia haver do que torturar cruelmente e matar aos poucos um homem justo e inocente? Sobretudo quando esse homem é também o Filho do próprio Deus? Você acha que o Pai se recusou a perdoá-los? Certamente Jesus estava expressando o próprio coração de Deus, e seu Pai respondeu perdoando-os. Repare que de nem um deles é dito que se arrependeu! Eles estavam ocupados, dividindo as vestes de Jesus entre si!

O autor de *A cabana* está sugerindo que Deus simplesmente perdoa as pessoas não obstante a condição do coração delas? Certamente que sim. Nada poderia ser mais claro. Não sei se estou absolutamente certo a esse respeito, mas tenho certeza de que, com base no testemunho bíblico, Deus *quer perdoar* a todos, sem exceção. Porém, talvez o perdão completo exija uma resposta daquele que está precisando do perdão. Exatamente quando o perdão ocorre é uma questão de reflexão e argumentação teológica. Mas na prática isso faz pouca diferença. O ponto é que o coração de Deus não é senão amor para com todas as pessoas. E o nosso também deveria ser.

De forma compreensível, Mack destila veneno e ódio em relação ao Matador de Meninas. Quem não o faria? Mas

Deus amorosamente o conduz na direção do perdão. Em primeiro lugar, Deus apela ao próprio interesse de Mack. Quando alguém quer que os seres humanos caídos façam algo, devem apelar ao seu interesse próprio! Deus fala para Mack perdoar o Matador de Meninas para o próprio bem de Mack. O perdão liberta as pessoas de algo que lhes é destrutivo, que vai acabar com sua alegria e capacidade de amor absoluto (p. 209). Em segundo lugar, Deus apela para a compaixão de Mack. Ele explica para Mack que é por isso que as pessoas se transformam em assassinos de crianças. Ele recomenda a Mack amar e perdoar o homem "não pelo que ele se tornou, mas pela criança mutilada e deformada pela dor" (p. 210).

É possível interpretar que essa última frase se refira à vítima do Matador de Meninas. Mas o contexto sugere que o Matador de Meninas agiu dentro da dor resultante da sua própria infância. Não faz muito tempo que assisti a um documentário criminal em que uma entrevistadora questionou um assassino de crianças sobre as razões de seus atos. Sem nem ao menos esboçar um sinal de dúvida por sua própria culpa, o assassino disse que cometeu os crimes por causa da autodepreciação. Foram os piores atos que ele poderia imaginar, e os cometeu porque odiava a si mesmo. O raciocínio distorcido não fazia nenhum sentido, e só pude deduzir que esse homem sofreu terrivelmente na infância e na juventude. Alguém lhe fez odiar a si mesmo. De acordo com *A cabana*, então, quando refletirmos sobre um molestador ou assassino de crianças, devemos contemplar as forças que transformaram essa pessoa em um monstro.

Mack está relutante em se livrar do ódio que sente porque supõe que isso implicaria esquecer o que aconteceu com sua filha. Deus lhe garante que não é o caso. O perdão não exige esquecimento. Mas exige "soltar a garganta da outra pessoa" (p. 209). Então Mack reconhece que não consegue fazer por si mesmo, e Deus promete ajudá-lo a assumir uma natureza que encontre mais poder no amor do que no ódio (p. 210).

Gostaria que Young tivesse gastado mais tempo nesse ponto. "Errar é humano; perdoar é divino." Na verdade, não acho que consiga perdoar o meu pai sem a ajuda sobrenatural de Deus. E *ajuda* não é uma palavra suficientemente forte para aquilo que eu preciso. Gostaria que o autor tivesse falado com mais vigor e mais diretamente sobre o poder de Deus para mudar o nosso coração. A Bíblia fala dessa maneira. Ezequiel 36:26 diz: "Darei a vocês um coração novo e porei um espírito novo em vocês; tirarei de vocês o coração de pedra e lhes darei um coração de carne". Sem dúvida, o Deus de *A cabana* garante sua ajuda para Mack, mas acho que isso exige mais do que a "ajuda" de Deus. Esse tipo de perdão não está no alcance do poder humano; tem de ser uma dádiva sobrenatural.

Uma vez presenciei essa dádiva maravilhosa dada a uma pessoa. Quando eu era pastor assistente, um homem que odiava afro-americanos tornou-se membro da nossa igreja. Ele era um racista perfeito. Nós não sabíamos disso quando ele chegou, mas a nossa igreja estava tão repleta de pecadores, que isso não teria feito a menor diferença. Em uma noite, durante uma reunião de oração, alguém ajoelhou-se com

Ken e orou por ele. Ken chorou de soluçar; era evidente que Deus estava fazendo um trabalho nele. Mais tarde, na mesma noite, Ken ajoelhou-se e orou com um homem negro, confessando seu pecado de ódio racial e atestando sua libertação. Eu vi a mudança no coração de Ken. A partir daquela noite, ele saiu do seu caminho para amar e ajudar as pessoas que eram diferentes deles.

Penso que é desse tipo de ajuda sobrenatural que Mack precisaria para perdoar o assassino da filha. Eu preciso para perdoar o meu pai. (Por que continuo dizendo isso no tempo presente? Tudo o que posso dizer é que é um processo.)

Por fim, Deus faz um apelo ao senso de justiça de Mack. Mack receia que perdoando o Matador de Meninas será desleal com sua filha. Ele pergunta a Deus se é justo para Missy não estar com raiva do seu assassino. Deus lhe garante que o perdão não desculpa nada. Além disso, é bom sentir raiva mesmo após perdoar o homem (p. 212). Tenho de questionar essa afirmação. Se é certo continuar com raiva de alguém, mesmo depois de tê-lo perdoado, Deus não continuaria com raiva de nós depois de ter-nos perdoado? Não parece que seja assim nem na Bíblia nem em *A cabana*. Parece-me que o verdadeiro perdão significa desistir da ira. Não exige esquecer o mal praticado nem confiar no criminoso, com certeza, mas significa se libertar da raiva. É isso que torna tão difícil, se não impossível, o perdão sem a ajuda sobrenatural!

Mack presencia dois poderosos acontecimentos de perdão em *A cabana*, e eles claramente o levam a se desvencilhar da sua Grande Tristeza. Primeiro ele perdoa seu pai, em um encontro muito dramático no paraíso. Sarayu o leva lá, e ele encontra e perdoa o pai: "Os dois trocaram palavras soluçantes de confissão e perdão. E um amor maior do que qualquer um dos dois os curou" (p. 200). Tudo isso é encantador, iluminado e lindo. Mas talvez seja um pouco demais. Durante o encontro, Mack diz para o pai: "Papai, desculpe! Papai, eu te amo!" (p. 200). A cena toda me causou certa repulsa. O que Mack tinha feito para precisar pedir desculpas para o pai? Não há nenhuma alusão no livro de que Mack tenha feito algo errado com o pai. Será que é por não perdoá-lo antes? Eu teria gostado de ver mais manifestações de pesar e até de arrependimento de Mack para com o pai. Mas elas não existem. Talvez a minha própria experiência de vida tenha interferido na apreciação total da cena. A minha opinião, entretanto, é a de que muitas pessoas sentiram a mesma coisa que eu quando li essa passagem.

O ato de perdão de Mack para com o Matador de Meninas não é relatado em *A cabana*, mas é presumido. Na última página do livro, o narrador diz até que, enquanto ele escreve o final do livro, Mack está testemunhando no julgamento do assassino e espera encontrar-se com ele depois que o veredicto for dado (p. 232). Isso deixa as coisas um pouco vagas, mas temos de assumir que Mack perdoou genuinamente o assassino de sua filha apesar de ainda buscar a justiça.

Quem foi perdoado?

Assim, o que *A cabana* fala a respeito de molestadores de crianças irem para o céu? Podemos apenas concluir que o livro afirma que eles estarão lá. Todos eles? Não necessariamente. Deus fala para Mack que o perdão por si só não estabelece relacionamentos. Um relacionamento restaurado só é possível quando a pessoa perdoada fala a verdade sobre suas ações erradas e muda de direção. Só então pode confiar que está restaurada, o que é necessário para os relacionamentos. Deus diz a Mack que o perdão os liberta do julgamento, mas não restabelece os relacionamentos automaticamente. Para isso, a mudança é necessária (p. 210).

Mais uma vez devo registrar algumas dúvidas acerca da teologia de *A cabana*. Se o perdão liberta uma pessoa do julgamento, e Deus já perdoou a todos na cruz, então isso faria parecer impossível submeter a um julgamento. Mas a Bíblia diz que os pecadores não arrependidos serão julgados. Portanto, apesar da sua mensagem poderosa, há algo estranho na versão de *A cabana* sobre o perdão.

Então, qual é o veredicto a respeito dos pedófilos e outros monstros? Uma leitura de *A cabana* concluiria que todos vão para o céu. Isso é chamado de universalidade, no qual alguns dos pais da igreja creram e ensinaram. Mas em geral tem sido considerado como uma heresia entre os cristãos ortodoxos de todas as denominações. Se o perdão liberta alguém de julgamento, e Deus perdoa a todos devido ao que Cristo fez, então todos devem ir para o céu! *A cabana* não nos fala outra coisa.

Outra leitura do livro leva à conclusão de que ser aceito no céu exige mais do que o perdão. Requer um bom relacionamento com Deus. E em *A cabana* um bom relacionamento com Deus requer a confissão do pecado e a confiança nele. Mas será que podemos de fato imaginar as pessoas perdoadas indo para o inferno? Parece que alguma coisa não está exatamente correta na teologia de *A cabana* nesse ponto.

Volto a um problema básico que tenho com *A cabana*. No livro, Deus já perdoou a todos por tudo, e absolve a todos da culpa e da vergonha. Ele nem mesmo está desapontado conosco! Zangado? Sim. Desapontado ou nos condenando? Não. Assim, parece que todos têm um bilhete para o céu só porque Cristo morreu por eles. Mas é difícil pensar que o autor de *A cabana* quer nos fazer crer que todos estarão no céu. Se o faz, ele não diz isso explicitamente e, então, ele estaria bíblica e teologicamente errado. Eu opto por pensar que ele está mais bíblica e teologicamente correto do que isso.

Onde exatamente a Bíblia diz que nem todos estarão no céu? Lucas 16:19-31 conta a história do pobre Lázaro e do homem rico que o ignorava. Após a morte, o homem rico vai para o Hades (um termo antigo para o inferno), onde é atormentado. Se isso não for suficiente, considere Mateus 25:41, onde Jesus fala que dirá para alguns: "Malditos, apartem-se de mim para o fogo eterno, preparado para o Diabo e os seus anjos."

A solução cristã bíblica e ortodoxa é que a cruz de Jesus oferece a todas as pessoas um bilhete para o céu, que é uma oferta de perdão gratuita, mas nem todos utilizam o bilhete. Eles desprezam a oferta de Deus de perdão e misericórdia, rasgando e atirando longe o bilhete. O inferno, então, talvez seja o "refúgio doloroso" que Deus providencia para aqueles que não querem adorá-lo para sempre em seu paraíso. Construído sobre a ideia do mal como ausência do bem, o livro *O grande divórcio*, de C. S. Lewis, apresenta o inferno como uma existência sombria e relativamente irreal. E as pessoas que vão para lá preferem isso a ir para o céu, porque diminuíram a própria realidade delas ao persistirem no pecado. Elas se "encaixam" mais no inferno do que no céu, e quando é dada a oportunidade de estarem no céu, elas declinam.

Queria que William Young tivesse dito mais sobre o inferno. Não é necessariamente um local de fogo no sentido literal e de tormenta física. Mas é um local bíblico. É difícil fugir à sua realidade quando lemos as palavras de Jesus, que falou mais sobre o inferno do que qualquer um nas Escrituras!

Então, quem vai para o inferno? *A cabana* está certa de que não serão apenas os infratores que quebraram as regras de Deus. Em vez disso, o inferno é para aqueles que se recusam a confiar em Deus e receber o perdão, e aqueles que se recusam a perdoar os outros. É para aqueles que se alegram no ódio e na amargura que sentem para com Deus e outros seres humanos.

Monstros no paraíso

Então, e os molestadores de crianças como o Matador de Meninas? Será que eles estarão no céu? É impossível dizer. Só a Deus e ao molestador cabe decidir isso. Será que ele se arrepende e aceita a misericórdia de Deus ou com teimosia resiste a Deus e persiste nos caminhos do mal? A Bíblia é muito clara ao dizer que aqueles que se arrependerem e confiarem em Deus herdarão o paraíso, não importa o que fizeram. Lembra-se do ladrão na cruz ao lado de Jesus (Lucas 23:39-43)? Na opinião geral, ele era um homem vil, e mesmo assim Jesus o perdoou e lhe prometeu paraíso porque ele pediu a Jesus para lembrar-se dele quando estivesse em seu reino. Na cruz, Jesus estava sendo bastante generoso com sua misericórdia! Há alguma indicação de que ele tenha mudado?

Embora seja muito difícil, é preciso concluir que, muito provavelmente, haverá algumas dessas pessoas no céu — supondo que eles se arrependam e se lancem na misericórdia de Deus. Isso é mesmo possível para uma pessoa como essa? Com Deus todas as coisas são possíveis (Mateus 19:26). Mesmo que já não tenha perdoado tais pessoas, do que duvido apesar de *A cabana*, ele as ama e quer um relacionamento restaurado com elas. Pelo que se pode entender, ele está fazendo todo o possível, exceto a coerção, a fim de trazê-las para si de forma que ele possa perdoá-las e estabelecer um relacionamento de amor com elas.

A questão para nós é: Queremos de fato que "molestadores" de crianças, como o Matador de Meninas da ficção, estejam no céu? Queremos no céu aqueles que nos maltrataram? E o que dizer de Hitler? Ali é onde estaremos unidos espiritualmente. Poderíamos ter tudo muito bem teológica e espiritualmente, mas não ter o coração de Deus para a escória da humanidade. E o que somos? Segundo Romanos 1:3, somos a escória da humanidade! Leia e chore.

Tão difícil de admitir emocional e teologicamente, tenho a convicção de que meu pai pode muito bem estar no céu. E tenho de pedir a Deus para me ajudar a superar qualquer relutância em tal pensamento. Afinal, eu não mereço mais do que ele. É tudo pela graça de Deus.

capítulo nove

Jesus não é cristão?

Muitos anos atrás, ministrei aulas em uma classe da escola dominical para adultos da qual participavam alguns novos cristãos. Não me recordo do tema daquele domingo, mas quase dei uma gargalhada quando um homem de meia-idade da classe perguntou: "Quando foi que Jesus se tornou cristão?"

Parece uma questão engraçada. Mas surge em *A cabana* de um modo muito sério — como parte de uma questão mais ampla sobre pessoas de outras religiões. Mack está conversando com Jesus sobre o que significa ser seu seguidor, e Jesus lhe informa que não é aquilo que muitas pessoas pensam. Mack afirma: "Quantas mentiras me contaram!" (p. 168). No contexto, essa declaração significa que aquilo que

Jesus está lhe dizendo nada ou pouco tem a ver com o que lhe foi ensinado no seminário e na igreja.

Vivendo sem qualquer compromisso

Mack está claramente desiludido com a instituição cristã. Ele não é o único; todas as semanas encontro pessoas que estão cansadas de suas igrejas por causa de uma aparente falta de autenticidade e um fracasso em evitar a acomodação cultural.

Jesus responde à exclamação de Mack: "Mack, o sistema do mundo é o que é. As instituições, as ideologias e todos os esforços vãos e inúteis de humanidade estão em toda a parte e é impossível deixar de interagir com tudo isso" (p. 168). Falando do sistema do mundo, Mack replica: "Mas tanta gente de quem eu gosto parece fazer parte do sistema!" E então o narrador nos dá uma pequena visão sobre aquilo que preocupa Mack. Os amigos e a família de Mack "eram totalmente [vendidos] para a atividade religiosa e o patriotismo" (p. 168). O autor poderia estar pensando no assim chamado Direito Religioso na América?

Jesus revela a Mack que ser seu seguidor significa viver e amar "sem qualquer compromisso" (p. 168). Em outras palavras, Jesus aparentemente está repudiando todas aquelas plataformas políticas e religiosas, bem como aquelas atividades em que pessoas engravatadas se juntam como suas seguidoras, e oferecem seu amor apenas aos que concordam com elas.

Mack pergunta: "É isso que significa ser cristão?" A resposta de Jesus poderá surpreender alguns leitores: "Quem disse alguma coisa sobre ser cristão? Eu não sou cristão" (p. 168). Às vezes, elevamos nossa filiação religiosa ao status de ídolo. Estamos mais interessados em ser "bons cristãos" do que discípulos radicais de Jesus? Parece que é o que está dizendo o autor William Young. Ser cristão, para ele, não é automaticamente uma coisa boa.

A declaração de Jesus de que ele não é cristão não surpreenderá algumas pessoas que sabem que o Cristianismo é a religião desenvolvida pelos seguidores de Jesus após sua morte e ressurreição. Ela não existia antes. Então a questão é: Jesus se tornou cristão depois que o cristianismo foi formado? Podemos imaginar Jesus fazendo parte de algum movimento ou organização? E, se cristão significa literalmente "seguidor de Cristo", como ele poderia ser cristão? Pois ele seria seu próprio seguidor. Assim, a ideia de Jesus ser cristão é meio absurda.

Jesus viajará por qualquer estrada

Mas o que choca de fato é o trecho que se segue imediatamente após a negação de Jesus de que ele seja cristão:

> Os que me amam estão em todos os sistemas que existem. São budistas ou mórmons, batistas ou muçulmanos, democratas, republicanos e muitos que nem votam nem fazem parte de qualquer instituição religiosa. Tenho seguidores que foram assassinos e muitos que eram hipócritas. Há banquei-

> ros, jogadores, americanos e iraquianos, judeus e palestinos. Não tenho desejo de torná-los cristãos, mas quero me juntar a eles em seu processo para se transformarem em filhos e filhas do Papai, em irmãos e irmãs, em meus amados (p. 169).

Se você for como eu, ficará impressionado ao ler isso! É uma linda declaração radical para pôr na boca de Jesus. Jesus não quer tornar as pessoas cristãs? Isso vai contra tudo que é ensinado a muitos cristãos na América e talvez no mundo todo. O que *A cabana* está dizendo? Mack levanta a questão que a maioria das pessoas gostaria de perguntar se ouvisse Jesus dizer uma coisa dessas. Jesus está dizendo que todas as estradas levam a Deus (p. 169)? Muitas pessoas religiosas liberais acreditam nisso. É uma espécie de relativismo preguiçoso que negligencia as diferenças radicais entre as muitas estradas religiosas que as pessoas percorrem. Para ver o absurdo, pense no satanismo conduzindo a Jesus! Como poderia ser isso?

O principal nessa troca entre Jesus e Mack é que a maioria das pessoas tem levantado tais questões. O autor de *A cabana* é muito competente em colocar palavras sábias na boca de Jesus. Permanece a questão, é claro, se elas são bíblica e teologicamente corretas. Muitos críticos já condenaram essas ideias de relativismo e teologicamente liberais.

À pergunta de Mack, Jesus responde negativamente e positivamente. Ele diz a Mack que a maioria das "estradas" religiosas não leva a lugar algum, mas que ele — Jesus — viajará por qualquer estrada para nos encontrar (p. 169).

Essa interação de Jesus e Mack de duas páginas é provavelmente a mais profunda e inquietante do livro todo. Gostaria de saber como muitas pessoas dizem realmente amar *A cabana* mesmo parando para pensar no que leem ali. Há um fenômeno incrível conhecido de todos os professores que exigem uma leitura como dever de casa e depois pedem aos estudantes para discutir o assunto. As pessoas tendem a não ver o que não esperam ver em um livro ou em um artigo. Quando algo se destaca como muito estranho, os leitores muitas vezes não tomam conhecimento e até nem se lembram quando são questionados a respeito.

Esse é um modo comum de ler a Bíblia. Após vinte e seis anos de ensino da Bíblia e teologia a estudantes de faculdade, de universidade e de seminários, concluí que muitos cristãos simplesmente perdem muito do que está na Bíblia porque não sabem como lidar com ela, e não é aquilo que lhes foi dito que podiam esperar. Quantos leitores da Bíblia sabem, por exemplo, que ela versa bastante sobre riqueza e pobreza, e adverte contra o acúmulo de dinheiro?

A troca de ideias entre Jesus e Mack sobre Cristianismo, seguidores de Jesus e caminhos religiosos é verdadeiramente impressionante. Mas é tão breve que fica difícil de interpretar. O que exatamente Young está tentando nos dizer? Ele está falando de uma espécie de universalidade — a crença de que todas as pessoas vão acabar sendo salvas? Será uma expressão de relativismo — a crença de que não existe o absoluto? Será uma expressão de inclusivismo — a ideia de que as pessoas que nunca ouviram o evangelho pregado recebem de alguma forma uma oportunidade de acreditar em Jesus?

O autor está tomando o partido dos teólogos que falam de "cristãos anônimos" — pessoas que são verdadeiramente amorosas mesmo que nunca aceitem Cristo formalmente?

Não gosto muito de religiões

Ao tentarmos interpretar essa passagem de *A cabana,* devemos ter em mente um tema que perpassa todo o livro: uma aversão distinta às instituições e aos sistemas, que em geral mais atrapalham do que ajudam a fé cristã autêntica. Quando Mack questionou Jesus sobre sua postura em relação às instituições religiosas, ele respondeu: "Eu não crio instituições. Nunca criei, nunca criarei" (p. 166). Certo, não parece tão radical. Não há registo de que Jesus tenha fundado organizações ou instituições. Mas no contexto parece que ele nem as aprova! Então vem outro choque. Jesus fala para Mack: "Portanto, não, não gosto muito de religiões" (p. 166). Não gosta muito de religiões? O que Jesus quer dizer? Ele não iniciaria uma religião?

A opinião de *A cabana* sobre religião, sistemas e instituições é ambígua. Ou seja, é difícil de interpretar. O autor lança esses dizeres de Jesus no ar, como pequenas granadas, e nos deixa imaginando o que fazer com eles. Algumas pessoas poderiam considerar isso uma irresponsabilidade. Mas talvez sua principal preocupação não seja tanto nos convencer de alguma coisa quanto nos fazer pensar de formas novas e saudáveis. Vamos explorar o que ele poderia pretender.

Em primeiro lugar, *A cabana* está tentando mudar nossa opinião sobre o que significa ser seguidor de Jesus e amigo de Deus. A maioria das pessoas acredita que essas coisas envolvem necessariamente um nível muito elevado de lealdade e participação em organizações religiosas. Crescemos pensando que a religião cristã é a nossa identidade primária. *A cabana* está tentando diferenciar lealdade a Jesus e amor aos nossos próximos, de um lado, de lealdade a organizações e sistemas humanos, de outro lado. E vai mais além do que isso. Significa que organizações e instituições religiosas podem muitas vezes nos atrapalhar em sermos seguidores fiéis de Jesus.

Por que muitas vezes colocamos a lealdade às instituições e organizações religiosas na frente de Jesus? *A cabana* diz que isso ocorre porque almejamos a certeza e a segurança que pensamos que as instituições e os sistemas, como regras, podem oferecer. O Deus de *A cabana* quer que abramos mão da nossa mania de certeza e de segurança, e que na fé nos lancemos a ele em total confiança. (*A cabana* tem até Deus dizendo para Mack: "Eu gosto demais da incerteza" [p.190]. Que enigmático!) Isso significa que todas as instituições, organizações e sistemas são ruins? Não necessariamente. Mas, segundo *A cabana,* eles se transformam facilmente em substitutos para Deus à medida que esperamos mais neles do que em Deus. Deus fala para Mack que os sistemas humanos não podem oferecer segurança (p. 166). Só Deus pode fazer isso, e é uma questão de confiança radical, mais do que provação, segurança ou estabilidade. Sistemas e instituições podem oferecer tais coisas em certa escala, mas não podem substituir a segurança que encontramos confiando apenas em Deus e tendo um relacionamento com ele.

Assim, de acordo com *A cabana*, os cristãos tendem a pensar incorretamente sobre ser um seguidor de Jesus. Consideramos que seguir Jesus é praticar atividade religiosa nas instituições humanas que abraçam algum sistema de doutrina e moralidade humanamente criado. Alguns ainda o identificam com lealdade ao partido político ou a certa ideologia. Está tudo errado. Podemos estar envolvidos em instituições que trabalham em nome de Deus no mundo, e podemos acreditar em doutrinas, mas temos de ser cautelosos em relação a elas e guardá-las livremente. É muito fácil de se tornarem corruptas, mortas, irrelevantes ou abusivas. Afinal de contas, são humanas. Mesmo o Cristianismo em si, como religião organizada, é uma invenção humana e, por conseguinte, sujeita ao fracasso.

Tudo isso me faz lembrar de um livro clássico do teólogo cristão Emil Brunner (1889-1966) intitulado *The Misunderstanding of the Church* [O mal-entendido da igreja]. Brunner alegou que a igreja não é uma instituição mesmo que assuma formas institucionais. A igreja deve sempre se distinguir dos seus aparatos e formas organizacionais, como fluxogramas, declarações doutrinais, cerimônias e monumentos. A verdadeira igreja é a comunhão, daqueles que acreditam em Jesus e o seguem. Um contemporâneo de Brunner, Karl Barth (1886-1968), alegou que o Cristianismo não é sequer uma religião! É o evangelho. Young leva isso um passo adiante: ser seguidor de Jesus Cristo não significa ser membro de alguma igreja ou mesmo identificar a si mesmo como cristão. É somente confiar em Deus, encontrar a nossa segurança nele, e amar a ele e ao próximo incondicionalmente.

Segundo, *A cabana* está tentando mudar nosso pensamento sobre as pessoas que normalmente não vemos como seguidoras de Jesus. Jesus não é cristão, então por que todos os seus seguidores têm de ser cristãos? Nossa postura falha é aquela de que todos os verdadeiros seguidores de Jesus são abertamente cristãos por identidade e filiação. Mas em *A cabana*, Jesus diz que tem seguidores "em todos os sistemas que existem", incluindo budistas, mórmons, muçulmanos e até batistas! A maioria das pessoas não tem problema nenhum em aceitar os batistas como seguidores de Jesus. Mas muçulmanos! Como é possível?

Repare que o autor coloca Jesus afirmando: "Tenho seguidores que foram assassinos e muitos que eram hipócritas." E que utiliza o tempo passado: "foram" e "eram". Ele quer dizer que, por exemplo, alguns seguidores de Jesus costumavam ser budistas, mas se tornaram cristãos quando abraçaram Jesus? Se for, o que explicaria a inclusão de batistas, republicanos e americanos na lista? E como é que isso corresponde ao que Jesus diz que não tem desejo de torná-los cristãos? Assim, penso que podemos dar um desconto para tempo passado, pois é irrelevante nesse assunto. Certamente o autor tem a intenção de apresentar Jesus identificando alguns de seus seguidores como adeptos de outras religiões não cristãs.

A cabana está dizendo algo mais radical do que apenas que os seguidores de Jesus *costumavam ser* de todos os tipos de diferentes coisas. Mas quem já não sabe disso? Por que ele precisaria dizer isso para Mack (ou para nós)? É claro que Young está nos dizendo que ele acredita que ser seguidor de Jesus não está limitado a cristãos, para não dizer nada de americanos ou ocidentais. Como pode ser?

Ao que parece, o Jesus de *A cabana* é simplesmente um desdobramento daquilo que o Jesus do Novo Testamento queria dizer quando falou a seus discípulos: "Tenho outras ovelhas que não são deste aprisco" (João 10:16). Naquela época, muitos judeus pensavam que eram as únicas ovelhas do aprisco de Deus. Jesus os corrigiu. Hoje, muitos cristãos pensam que são as únicas ovelhas do aprisco de Deus. O Jesus de *A cabana* os está corrigindo. Ser um seguidor de Jesus, então, não requer ser um cristão. Na verdade, de acordo com *A cabana*, às vezes isso pode ser um obstáculo. Era para Mack!

Seguidores de Jesus não cristãos

Uma pessoa pode ser seguidora de Jesus sem ser cristã? Encontramos um exemplo no Novo Testamento: Cornélio, o centurião romano. A Bíblia diz que "ele e toda a sua família eram piedosos e tementes a Deus; dava muitas esmolas ao povo e orava continuamente a Deus" (Atos 10:2). Mas ele não era judeu, e não há nenhuma indicação de que estivesse ligado a qualquer instituição judaica. (Alguns estudiosos pensam que ele era um homem "temente a Deus", que significava um gentio que frequentava fielmente a sinagoga e observava a religião judaica, mas não era circuncidado.) Uma simples leitura de Atos 10 dá muitos indícios de que Cornélio era um seguidor de Jesus antes mesmo de ter encontrado Jesus. Isso porque ele temia a Deus, dava muitas esmolas e orava continuamente a Deus. Poderia querer dizer que quem faz essas coisas é um seguidor de Jesus embora ele ou ela nunca tenham ouvido falar de Jesus?

Em Mateus 25, Jesus disse que no julgamento final "o Rei" (Deus) receberá no céu as pessoas que não sabem sequer que estão dentre os "justos". Eles são, todavia, porque alimentaram o faminto, deram de beber ao sedento e vestiram o estrangeiro (todas as metáforas para a ajuda amorosa aos necessitados). O contexto deixa claro que essas pessoas não achavam que serviam a Deus, mas Deus sabe que elas fizeram. Ele aceita sua compaixão para com os pobres e necessitados como um serviço para si, mesmo que pertencessem a outras religiões (que é claramente o que se deduz dessa passagem).

Há uma passagem famosa no livro *A última batalha*, de C. S. Lewis, em que Aslan, um leão que é um tipo de Cristo, aceita o culto a Tash, um falso Deus, como um culto a si mesmo. O guerreiro Emeth servia a Tash, mas no julgamento Aslan diz que nenhum serviço que não seja vil pode ser prestado a Tash; na verdade, é prestado a Aslam. Claramente Lewis estava pensando na passagem de Mateus 25. Emeth é salvo sem nunca ter sido cristão.

Lewis e Young, ao lado de muitos pensadores cristãos católicos e protestantes, são inclusivistas no que diz respeito a não-cristãos. Sem utilizar o termo "cristãos anônimos", estão dizendo a mesma coisa: que muitas pessoas que não pertencem a organizações cristãs são seguidoras de Jesus porque o amam e fazem a sua obra.

Concordo com o autor de *A cabana* sobre esse assunto. Sei bem que os críticos desse ponto de vista, que preferem uma teologia conhecida como restritivismo (porque restringe a salvação aos cristãos), podem manobrar algumas passagens das Escrituras para defender a sua opinião. Mas considero convincentes as passagens bíblicas já mencionadas. Também sou atraído ao inclusivismo pela natureza de Deus conforme revelada em Jesus Cristo; ele não é um Deus mesquinho que divide a salvação em quotas apenas para aqueles que se chamam por certos rótulos religiosos ou que dizem as palavras certas. Ele é o Deus que veio para morrer pelo mundo todo (João 3:16,17) e não quer que ninguém pereça (2 Pedro 3:9). Não consigo imaginá-lo *não* julgando as pessoas com misericórdia pela luz que elas têm e por suas respostas de amor a ele.

Por fim, chegamos à questão do relativismo. Vamos lembrar a pergunta de Mack para Jesus: "Isso significa que todas as estradas levam a você?" (p.169). A resposta de Deus foi que a maioria das estradas não leva a lugar nenhum, mas ele viajará por qualquer estrada para nos encontrar. Em outras palavras, se os não-cristãos são salvos, como *A cabana* claramente sugere, não é porque algumas religiões não cristãs levam a Deus, mas porque Deus é graciosamente condescendente em encontrar as pessoas em suas próprias jornadas religiosas se tiverem o coração aberto para ele.

Em outras palavras, de acordo com *A cabana*, "a busca do homem por Deus" é irrelevante para a salvação e para ser um verdadeiro seguidor de Jesus. Relevantes são a orientação do coração de uma pessoa — levado pelo amor a servir aos outros — e a misericórdia de Deus que o leva a encontrar tais pessoas que percorrem um caminho religioso que conduz a lugar nenhum. As pessoas não se tornam verdadeiras seguidoras de Jesus por observar a revelação de Deus na natureza, na cultura ou na religião. Elas apenas se tornam verdadeiras seguidoras de Jesus por acompanhar o coração delas em direção ao Deus verdadeiro e o Deus verdadeiro as encontra e as guia pelo resto do caminho. A salvação, então, é sempre sobrenatural e uma obra da misericórdia e da graça de Deus. Ela não pode se dar por obras independentes de Deus.

É claro que essa é a ideia mais remota do relativismo. *A cabana* não está seduzindo os leitores nessa filosofia absurda. (Digo absurda porque ela se autocontradiz. Dizer que não há absoluto é em si mesmo uma declaração absoluta!) Jesus é "o caminho, a verdade e a vida", e a única estrada para o Pai (João 14:6). Mas isso não significa que ele só pode salvar aqueles que o conhecem pelo nome ou apenas aqueles que podem ser seus seguidores.

Conhecendo Jesus implicitamente

Quando eu era criança, ouvia com fascinação as histórias contadas por minhas tias e meus tios missionários. Uma dessas histórias era sobre uma mulher muçulmana em Trindade que chegou a uma igreja cristã em um táxi e saltou dizendo a um missionário: "Você é o homem que apareceu na minha visão." Ela ficara desiludida com a religião muçulmana e iniciara a busca pelo Deus verdadeiro, orando a Deus, sem saber nada sobre ele, como Pai, Filho e Espírito Santo. Um dia, segundo seu testemunho, ela teve uma visão de um homem parado em frente a uma igreja. Ela sabia que estava sendo direcionada para ele. Encontrou-o, e ele a levou a um entendimento mais profundo de Jesus, a quem ela já conhecia implicitamente.

Essas histórias eram as favoritas dos meus tios e tias e de outros missionários, que eram pessoas extremamente conservadoras! Mas sabiam da experiência que Deus pode operar na vida de uma pessoa sem que algum missionário a alcance com o evangelho.

Alguém pode dizer que essas histórias, como a de Cornélio em Atos 10, mencionaram apenas pessoas sendo direcionadas por Deus para os missionários cristãos. Mas a questão é saber se elas já eram em certo sentido seguidoras de Jesus antes de encontrar algum missionário. Elas eram. Suponho, com boas razões, que existam muitas pessoas assim no mundo, que nunca entraram em contato com uma mensagem explícita do evangelho sobre Jesus Cristo.

Nesse ponto, tanto *A cabana* quanto eu, estamos pisando em um terreno perigoso. Muitos críticos dirão: "Então, por que enviar missionários aos perdidos?" Bem, existem várias respostas boas para tal questão. Primeiro, porque Deus disse para fazê-lo. Segundo, porque é melhor para as pessoas já salvas saber quem é o seu Salvador do que permanecer ignorantes em relação a ele. E uma terceira resposta pode ser que é a maneira de Deus encontrá-las em sua estrada a lugar nenhum.

capítulo dez

Onde fica a Igreja na experiência com Deus?

Alguns anos atrás, a universidade cristã onde eu leciono publicou um edital para a contratação de professores: eles precisavam ser membros ativos de uma igreja ou de uma sinagoga. Para muitos, isso parecia bastante inofensivo, mas brados de protesto se levantaram de certos alojamentos do *campus* e da comunidade. O editor do jornal local escreveu uma coluna argumentando que Abraham Lincoln era um bom cristão, mesmo sem nunca ter se ligado a uma igreja.

Escrevi uma coluna em resposta, que o jornal publicou. Nela, eu argumentei que a história cristã desconhece uma cristandade sem igreja, e certamente o Novo Testamento também desconhece. É um fenômeno puramente moderno. E fui ousado em dizer que Abraham Lincoln, apesar de ter sido um presidente excelente e um homem bom (segundo a opinião geral), não era cristão. Ele teve uma porção de oportunidades de se ligar a qualquer igreja em Springfield, Illinois ou Washington, D.C., mas as recusou. Ser um cristão exige necessariamente envolvimento, se não militância, em uma comunidade cristã.

Depois que minha coluna apareceu no jornal, uma vizinha me desafiou. Ela disse que era uma boa cristã, mas raras vezes ia à igreja. É claro que eu não queria me envolver em um debate com ela, mas simplesmente reafirmei que conheço o assunto, como um teólogo histórico e no mínimo um pretenso especialista em textos bíblicos: não existe essa história de Cristianismo autêntico que seja puramente individualista. Depois disso, ela passou a me tratar com frieza.

Estou disposto a apostar que milhões de americanos se consideram bons cristãos, mas evitam a filiação ou o envolvimento com a igreja. Moro em um condado com cerca de 200 mil cidadãos, que acolhe pelo menos 125 igrejas batistas. É a maior concentração de igrejas batistas *per capita* dos Estados Unidos e provavelmente do mundo. Mas aqui tenho encontrado pessoas que se consideram cristãs, e até mesmo batistas, sem nunca terem se afiliado a uma igreja.

No capítulo anterior, argumentei que, segundo *A cabana*, ser cristão não é o que importa — mas, sim, ser seguidor de Jesus. Tenho alguns problemas com essa distinção, sobretudo como é descrita em *A cabana*. É uma distinção muito difícil. Porém, mesmo que eu concordasse, ainda argumentaria que o envolvimento em uma comunidade cristã é essencial para ser um verdadeiro seguidor de Jesus. Não há nenhum indício de um seguidor de Jesus individualista no Novo Testamento ou na história cristã, até a era moderna.

Um dos problemas que tenho com *A cabana* é a sua implicação de que uma pessoa pode experimentar Deus plena e autenticamente à margem de uma comunidade cristã. Não estou argumentando que a militância ou o envolvimento em uma igreja organizada seja necessário. Não penso que uma pessoa tenha de pertencer a uma denominação ou até a uma igreja local, como a First Church Downtown, para ser uma seguidora de Jesus. De jeito nenhum. A igreja verdadeira não é a instituição nem a organização, mas a comunhão do povo de Deus.

O que sinto falta em *A cabana* não é a ênfase na vida em uma religião estruturada ou igreja organizada; sinto falta de uma sugestão de que pertencer a uma comunidade de companheiros fiéis é crucial para a vida da fé. O livro exibe uma mentalidade do tipo "Jesus e eu" que resulta da sincronia com sua exposição total do que significa seguir Jesus e ter um relacionamento com Deus. Tudo fica no âmbito individual.

Não estou sugerindo que William Young pense que a comunidade cristã seja irrelevante ou dispensável. Mas se pensa que é importante, ele falha ao não incluí-la na descrição extensa e detalhada do ato de seguir Jesus fielmente. Isso me salta aos olhos como mais do que uma omissão trivial; é uma inconsistência gritante, porque de outra forma a descrição do livro do que Jesus quer conosco seria a bíblica.

Imagino quantos leitores que de fato gostaram de *A cabana* se sentiram como eu me senti. Inúmeros estudantes e outras pessoas que encontro dizem acreditar abertamente que o envolvimento na igreja não é importante para a sua fé. Muitos cristãos e não-cristãos veem da mesma forma a igreja (um termo que usarei para a comunidade cristã) como um grupo de suporte para pessoas que precisam desse tipo de coisa. No início, pensei que fosse por causa de alguma espécie de abuso que sofreram na igreja ou porque ali experimentaram muita hipocrisia. Porém, mais recentemente, chego a acreditar que não é isso que sustenta o não envolvimento de cristãos na igreja.

Por que tantos americanos que se consideram não apenas "espirituais", mas também "cristãos" evitam a igreja? Há muitas razões, sem dúvida, mas duas óbvias são que a nossa cultura estimula o individualismo e que o envolvimento com a igreja significa trabalho. Muitas pessoas têm dificuldade em encontrar uma congregação que vá ao encontro de suas "necessidades", ou onde elas possam "se conectar" ou "se sentir confortáveis". Entretanto, há tantas igrejas disponíveis que virtualmente todo e qualquer indivíduo deveria ser capaz de encontrar uma a que se adequasse até certo ponto. Mas mesmo procurar tal igreja pode ser muito trabalhoso. E unir-se a uma igreja significa desistir um pouco do nosso individualismo; comunidade engloba automaticamente certa medida de responsabilidade para com os demais.

Vamos dar uma olhada nas Escrituras para ver o que têm a dizer sobre comunidade.

Comunidade na Bíblia

Hebreus 10:23-25 ensina que a comunidade cristã é essencial para a genuína fidelidade cristã:

> Apeguemo-nos com firmeza à esperança que professamos, pois aquele que prometeu é fiel. E consideremos uns aos outros para nos incentivarmos ao amor e às boas obras. Não deixemos de reunir-nos como igreja, segundo o costume de alguns, mas procuremos encorajar-nos uns aos outros, ainda mais quando vocês veem que se aproxima o Dia.

Repare como a passagem inteira destaca as razões por que a comunidade cristã é importante para a vida da fé. Nós nos incentivamos "ao amor e às boas obras". Precisamos encorajar uns aos outros, o que não acontece com muita frequência além dos limites da comunidade cristã. E é crítico para nós ficarmos unidos.

Essa é apenas uma pequena passagem sobre o assunto, mas é coerente com o restante da Bíblia, que por toda parte assume que a comunidade é normativa para a fidelidade. No Antigo Testamento, os profetas falavam duramente com suas comunidades de fé, mas nunca rejeitaram as pessoas de Deus como irrelevantes para a fidelidade. Eles queriam reformar, mas não abolir a comunidade judaica.

No Novo Testamento, Jesus nunca abandonou a sinagoga ou o templo, nem encorajou seus discípulos a seguir em uma jornada espiritual individualista. Jesus e seus discípulos eram uma comunidade; eles até tinham um "caixa" comunitário para abastecer suas necessidades. O dinheiro provinha de algumas mulheres ricas que sustentavam Jesus e os discípulos (Lucas 8:3). E essa comunidade de seguidores de Jesus se estendia para além das tropas de Jesus e dos doze primeiros discípulos.

O livro de Atos está cheio de relatos de Deus operando em suas igrejas e por meio delas. Os seguidores de Jesus na primeira igreja em Jerusalém tinham todas as coisas em comum — um tipo de comuna cristã precoce! Eles prestavam culto diariamente juntos e mantinham-se responsáveis uns pelos outros (Atos 2:43-47). Os apóstolos não viajavam pelo Império Romano apenas para angariar convertidos, mas também implantavam igrejas.

As cartas de Paulo, em sua maioria, foram escritas para as igrejas e descreviam comunidades cristãs coesas dentre os primeiros fiéis. A mesma coisa é verdadeira para outros escritos do Novo Testamento. O livro do Apocalipse, por exemplo, contém cartas de Deus para as sete igrejas. Qualquer um que ler atentamente o Novo Testamento não pode deixar de notar que a cristandade do Novo Testamento era comunal.

Do Gênesis ao Apocalipse e por toda a era da Reforma, a comunidade não é tratada como opcional pelo povo de Deus. Mas algo muito estranho aconteceu na igreja ocidental com o pensamento Iluminista que surgiu no século XVIII. As pessoas começaram a acreditar em uma fé particular e individual que poderia sobreviver sem a comunidade da fé — a igreja.

Durante a década de 1970, *Os Waltons* era uma série de televisão popular. O patriarca, John Walton, era retratado como um pai forte, firme e bom e um homem de fé. Mas quando o restante da família ia à igreja, John sempre insistia que sua "igreja" era a montanha onde eles moravam. Ele cultuava a Deus sozinho, entre as árvores e o esplendor da natureza. A espiritualidade dele é a espiritualidade tipicamente americana. Mesmo as pessoas que vão à igreja pensam em sua fé cristã em termos individualistas e consideram seu melhor culto como algo que acontece apenas entre Deus e elas. O filósofo Alfred North Whitehead definiu a religião como algo que o indivíduo não faz em sua própria solidão. É bastante apropriado para a visão de vida religiosa de muitas pessoas.

Comunidade em *A cabana*

Agora, vamos ver o que *A cabana* diz sobre a comunidade cristã. O prefácio nos fala bastante sobre Mack, inclusive que aos treze anos de idade ele confidenciou o abuso do pai a um líder da igreja em um encontro de jovens. Esse homem relatou a confissão ao pai de Mack, que então bateu nele, pondo sua vida em risco (p. 10). Mais adiante, lemos que Mack frequentou um seminário na Austrália.

Mack é descrito no prefácio como cético e até um tanto cínico em relação à religião organizada. Seu "mundo interior" é descrito como "o lugar: é onde você está sozinho — e talvez com Deus, se acredita nele" (p. 14). De forma estranha, isso se assemelha à definição de religião de Whitehead.

É tudo que *A cabana* nos diz sobre a vida religiosa de Mack antes da sua epifania. A noção é de que Mack é exatamente igual a muitos de nós: profundamente feridos por uma família e uma igreja disfuncionais, voltados para nós mesmos, onde às vezes podemos conversar com Deus — em nosso "mundo interior".

A cabana diz algo sobre a comunidade cristã durante e após a epifania de Mack — seu encontro revelador com Deus? Não. Só existe silêncio em relação a esse assunto. O relacionamento recém-descoberto de Mack com Deus é solitário; é apenas entre Papai, Jesus, Sarayu e Mack. Todavia, ele muda a vida de Mack, e mais adiante — no posfácio do livro — nada é dito sobre comunidade, exceto que suas transformações "provocaram [...] efeitos [em sua comunidade de relacionamentos]" (p. 231). Embora a história de Mack tenha mudado sua vida e seus relacionamentos, não há uma palavra sobre comunidade cristã (a menos que a amizade de Mack com o narrador seja considerada uma comunidade) ou igreja.

O que *A cabana* deveria ter dito sobre a comunidade cristã e a igreja? Na medida em que seu propósito é nos ensinar a confiar em Deus, seguindo Jesus e sendo transformados, deveria incluir algo sobre comunidade. Sobretudo em vista das declarações negativas sobre os relacionamentos de Mack com igrejas — descritos no prefácio. Uma epifania real de Jesus não deveria renovar a fé de alguém em Deus e no seu povo? Uma experiência assim não deveria levar uma pessoa a buscar e unir-se à comunidade reunida de seguidores de Jesus? Penso que sim. O posfácio no mínimo deveria ter incluído algo sobre a vida de Mack na igreja — mesmo que fosse para mudar as igrejas!

A real renovação e transformação cristãs sempre incluem o povo de Deus porque nenhum seguidor de Jesus pode ser totalmente isolado; isso nunca esteve no plano de Deus.

Assim, permita-me correr o risco e sugerir um final alternativo para *A cabana*. Após sua epifania, Mack está tão mudado que não se satisfaz mais ao tentar caminhar sozinho com Deus. Papai, Jesus e Sarayu lhe revelaram como é importante aceitar as imperfeições dos companheiros fiéis e amá-los incondicionalmente como Deus o ama. Então, Mack pede ao pastor uma oportunidade para dizer algo sobre sua experiência para a congregação. O pastor lhe cede o púlpito em uma manhã de domingo e Mack com os olhos marejados lhes conta algo do que Deus disse e fez para ele. Ele confessa seu desdenho prematuro pela igreja e pede o perdão da congregação. E, então, promete caminhar dentre eles conforme seguem Jesus juntos.

Bonito, não? Mas gostaria de acrescentar outro elemento do qual eu possa não gostar. Durante seu testemunho lacrimejante, Mack pede à congregação para considerar o que ele ouviu Deus lhe dizer e ajudá-lo a discernir se ouviu corretamente. Afinal, o mundo está cheio de evangelistas que realmente acreditam que Deus falou com eles, mas que caem em todos os tipos de heresias e fracassos morais.

Permita-me oferecer mais alguns exemplos do segundo caso. Conheço um famoso cantor e compositor *gospel* que realmente acredita que Deus falou com ele e o levou a um estudo puro das Escrituras. Resultado: ele não acredita mais que Jesus é Deus, ao contrário do que ensina a longa história da ortodoxia cristã.

Quando eu era estudante universitário, costumava ouvir um autor e pregador muito conhecido no rádio. Ele sempre contava como Deus o levava ao paraíso, onde eles se encontravam e conversavam cara a cara. Deus falava com ele usando a versão King James da Bíblia ("Sobe para aqui!") e lhe revelava coisas que eram simplesmente absurdas. Ele desenvolveu a ideia de que a Palavra de Deus tem duas dimensões — a Palavra para o passado e a Palavra para o presente. É claro que a Bíblia era para o passado, e sua própria (e distorcida) mensagem era para o presente.

Muitas pessoas desprezam tais evangelistas como fraudes. No tempo em que eu lecionava teologia na Universidade Oral Roberts, há alguns anos, o reverendo Roberts disse em público que Deus apareceu para ele revelando que Roberts morreria se ele não levantasse oito milhões de dólares para seu centro médico — a Cidade da Fé. A mídia o ridicularizou e milhões de pessoas disseram que ele estava mentindo. Estava? Penso que ele realmente acreditava que algo parecido aconteceria. Mas duvido que fosse uma epifania real. Em geral, as pessoas pensam que Deus está falando com elas quando na verdade é a própria imaginação delas dizendo coisas que querem ouvir.

Um dia, enquanto eu estava correndo, Deus falou comigo. É verdade. Deus falou comigo. Não de forma audível, mas foi tão poderoso e tão convincente que me pareceu audível. Para ser franco, nada parecido jamais tinha acontecido comigo. Tive uma conversa com Deus. E nessa epifania Deus me deu um dom e me disse para usá-lo em um propósito específico.

Agora, não houve nenhuma mensagem herética no que Deus me disse, tampouco suas orientações foram disparatadas ou bizarras. Mas eu conhecia a Bíblia e a teologia o suficiente para saber que deveria sujeitar essa experiência à minha família de fé, e o fiz. Primeiro contei para minha mulher, depois ao pastor e então ao grupo com o qual me comprometi a orar toda semana. Todos afirmaram que não era só a minha imaginação, mas que por certo vinha de Deus. (Uma razão bem aparente foi o dom que Deus me deu — uma capacidade quase sobrenatural de fazer algo que resultou em uma bênção não para mim, mas para uma pessoa necessitada.)

Em minha opinião, o autor de *A cabana* deveria ter colocado Mack sujeitando sua experiência ao discernimento de sua família de fé. Nós, seguidores de Jesus, precisamos perceber a nossa própria fraqueza e tendência a ouvir de Deus o que queremos ouvir. Assim, devemos oferecer nossas epifanias ao julgamento de outras pessoas espirituais.

O apóstolo Paulo escreveu aos cristãos em Coríntios sobre esse mesmo assunto. Em 1 Coríntios 14:29, ele orienta os próprios coríntios carismáticos a profetizar e que "os outros julguem cuidadosamente o que foi dito". Ele não diz para fazê-lo apenas se julgarem que pode estar incorreto o que profetizaram. Paulo assume que quem profetiza acredita que o que diz vem de Deus. Mas também sabe que às vezes não é o caso!

O Novo Testamento relata que esse princípio é aplicado ao próprio Paulo. Atos fala sobre a atividade missionária de Paulo em Tessalônica, Bereia e Atenas. Dos bereanos que ouviram Paulo pregar é dito que "eram mais nobres do que os tessalonicenses, pois receberam a mensagem com grande interesse, examinando todos os dias as Escrituras, para ver se tudo era assim mesmo" (Atos 17:11). Os bereanos não foram criticados por examinar a pregação de Paulo. Na verdade, é dito que foram mais nobres por o fazerem.

Meu propósito, todavia, não são tanto as mensagens e as experiências espirituais criticamente examinadas, mas a importância da comunidade em seguir Jesus fielmente. Tornar-se um discípulo fiel de Jesus Cristo significa juntar-se ao bando de discípulos fiéis (e às vezes nem tão fiéis). Não há justiceiros solitários como o Zorro dentre os discípulos de Jesus.

A igreja além de *A cabana*

Os cristãos ocidentais perdem a esperança na igreja com muita facilidade, e muitas igrejas tornam isso fácil de fazer. Começando com o segundo argumento, várias igrejas tornam muito atrativo e fácil perder a esperança na igreja. Fui membro de treze igrejas durante a minha vida. Em parte porque me mudei muito. Mas também porque encontrei diversas igrejas com sérios defeitos. Algumas simplesmente julguei que não eram as verdadeiras igrejas de Jesus Cristo.

Apesar das igrejas profundamente defeituosas, muitos cristãos desistem rápido demais e são levados ao Cristianismo individualista. Mas não posso julgá-los com demasiada severidade, pois tenho experimentado desapontamentos profundos com igrejas. Também tenho ouvido amigos que desistiram da busca por comunidades cristãs funcionais e se contentaram com devoções pessoais ou em assistir a canais de televisão cristãos. Algumas das histórias são horripilantes. No entanto, não penso que seja necessário prosseguir sozinho na vida espiritual. Sempre é possível encontrar uma comunidade cristã funcional com companheiros que se empenham na jornada de seguir Jesus. Devido à distância ou a outros fatores, talvez relacionados com um grupo tal que irá se reunir apenas de vez em quando, desistir, no entanto, nunca é bom ou certo.

Então, quando é que uma pessoa está justificada por desistir e deixar uma igreja ou família de fé? (Em *igreja*, incluo todos os grupos cristãos que se encontram com regularidade, mesmo que só o façam em uma casa.) Provavelmente há muitas e boas razões para mencionar neste espaço. Deixei uma igreja e procurei outra porque vi que ali o evangelho não era tão importante quanto a aparência respeitável. E não cheguei a essa conclusão sozinho; muitos outros sentiam a mesma coisa. As pessoas que não podiam se dar ao luxo de ter um belo carro ou roupas boas não eram bem-vindas lá. Em uma manhã de domingo, um grupo de índios americanos estava acampado em barracas no gramado da igreja. Eles protestavam contra a fartura da igreja em meio a uma vizinhança de necessitados. A igreja não fez nada para recebê-los e não dialogou com eles. Houve apenas a crítica forte dos que protestavam.

Em outra ocasião, minha família e eu deixamos uma igreja porque os líderes adotaram um tratamento muito severo, punitivo e até antiético para com os membros da equipe pastoral e respectivas famílias. O pastor da igreja se demitiu sob pressão do conselho, e então o conselho pressionou a congregação a demitir toda a equipe pastoral, para que assim um novo pastor pudesse vir com um passado limpo. Essa igreja se comportava como uma empresa e não como uma igreja. Um representante denominacional disse que não poderia em sã consciência recomendar nenhum pastor à igreja. Saímos porque a igreja votou a favor da demissão da equipe após ter sido alertada pelos líderes espirituais da própria igreja de que essa medida seria antiética.

Não saímos por um capricho nem porque "as nossas necessidades não estavam sendo atendidas". Minha família e eu sempre encontramos outra igreja depois dessas partidas difíceis. E, naturalmente, as nossas novas famílias de fé eram defeituosas também. Não existe perfeição onde pecadores estão envolvidos, e somos todos pecadores.

É hora de deixar uma igreja e encontrar uma nova comunidade cristã quando ela está empregando um tratamento abusivo, antiético ou indiferente para com as pessoas vulneráveis dentro e fora de seus muros. É hora de partir quando a igreja está ensinando heresia ou patinhando em práticas contrárias à Bíblia. É hora de partir quando a igreja está morta espiritualmente para mais do que a esperança razoável de reavivamento. É hora de partir quando a liderança é irresponsável.

O que deveríamos buscar depois de deixar uma comunidade de fé? Primeiro, não deveríamos esperar tempo demais. Muitos caem na armadilha de se sentir confortável com a existência espiritual do cavaleiro solitário, e acham difícil ou quase impossível fazer parte de uma nova comunidade cristã. Segundo, deveríamos orar para Deus nos conduzir ao lugar certo, pedindo ao Espírito Santo para nos ajudar a enxergar aonde ir. Nunca esperando a perfeição. Deveríamos perguntar: (1) A pregação e o ensinamento são bíblicos, e estão "confortando os aflitos e afligindo os confortados"? (2) A nova igreja está ansiosa em crescer com sangue novo e acompanhar seu tempo sem ser subvertida pela cultura? (3) As pessoas estão comprometidas umas com as outras no amor cristão? (4) Elas estão a serviço dos fracos e vulneráveis dentro e fora dos muros da igreja?

Não existe um teste definitivo e decisivo para encontrar uma boa igreja. Não devemos esperar que uma igreja ponha em prática os nossos bons modelos. Devemos esperar alguns desapontamentos, mas não ficarmos desapontados muito facilmente. Mas, acima de tudo, não devemos esperar muito tempo para encontrar uma comunidade religiosa e ingressar, de todo o coração, em seu culto e serviço.

capítulo onze

Confiar em Deus é tudo doçura e luz?

No fim de *A cabana*, Mack é um homem mudado: "A *Grande Tristeza* se foi e ele passa a maior parte dos dias com um profundo sentimento de alegria" (p. 231). Após o encontro com Papai, Jesus e Sarayu, Mack se transforma na "criança que nunca teve permissão de ser. Uma pessoa confiante e cheia de entusiasmo. Ele consegue acolher até mesmo os tons mais escuros da vida, vendo-os como parte de uma tapeçaria incrivelmente rica e profunda, tecida magistralmente por invisíveis mãos de amor" (p. 232). Sem dúvida ficamos todos muito felizes por Mack. Mas isso é fiel à realidade? É possível perder um filho desse modo e encontrar alegria na vida — mesmo após uma experiência como a que Mack teve com Deus?

Quando me preparava para escrever este livro, perguntei a várias pessoas que leram *A cabana* o que pensavam disso. O comentário de uma mulher se destaca como uma resposta especialmente pungente. É uma professora universitária que tem por volta de cinquenta anos. Ela pôs o livro de lado com um aceno e uma declaração curta: "A vida não é assim; no fim tudo era doce e simples." (Estou parafraseando o que ela disse.) "Não acho que uma pessoa que perdeu um filho em um sequestro seguido de assassinato consiga superar o que aconteceu e ser feliz como Mack." Estou achando que muitos leitores sentiram a mesma coisa. Sobretudo se tiveram um relance que seja de uma tragédia tão terrível.

Assim, quanto de realismo há no fim da história? "E eles viveram felizes para sempre" simplesmente não cai bem para a maioria das pessoas hoje em dia, a menos que seja a sentença final de um livro infantil. Mas *A cabana* nos oferece o supremo final feliz. E quanto ao resto da história? Um encontro que muda a vida toda poderia acontecer? Devemos esperar que acontecesse conosco? É normal? Não penso que William Young respondesse afirmativamente a nenhuma dessas perguntas. Certamente a sua intenção era compartilhar aquilo que ele chegou a compreender sobre Deus e o mal. Então, o que podemos extrair da leitura do livro?

Erguendo a Grande Tristeza

Primeiro, o fardo de Mack é a Grande Tristeza, descrita como uma sombra escura que o oprimia o tempo todo. Claramente é uma descrição da depressão clínica ou depressão maior. Ao contrário do que muitos pensam, a maioria das pessoas deprimidas prossegue em suas tarefas; apenas ficam extremamente tristes. Elas não sentem prazer. É como as luzes que se apagam, mas que ainda podem ser encontradas no escuro.

A maioria das pessoas consegue entender que perder um filho, especialmente sob as circunstâncias que cercaram o desaparecimento e o assassinato de Missy, poderia muito bem compelir qualquer pai à depressão maior. Mas há uma qualidade espiritual na depressão de Mack; ela está além do comum. Isso tem uma qualidade especial sobre aquilo que tem atingido o âmago de Mack e assumido o comando de sua vida. Ele vê o mundo inteiro por meio das lentes de sua perda. Ele está amargurado com Deus.

Em segundo lugar, a libertação de Mack da Grande Tristeza exige um milagre. A medicina não o fará. Poderia levantar um pouco seu espírito e ajudá-lo a enfrentar melhor, mas não vai trazer a alegria de volta para a sua vida. A alegria de Mack se foi porque, de acordo com a história, ele está amargurado e não confia que Deus seja bom. Quase seria melhor para ele deixar de acreditar em Deus do que continuar nessa condição. Mas ele não deixa de acreditar; apenas deixa de acreditar na bondade de Deus.

Em terceiro lugar, o milagre de Mack chega de forma inesperada e bem na hora certa. Foi a resposta às orações de alguém? Só podemos supor que talvez a mulher de Mack, Nan, esteve orando por um milagre desses em sua vida. Assim, Deus interveio poderosamente na vida de Mack, tirando-o de sua Grande Tristeza e restabelecendo sua confiança em Deus. Não seria bom se Deus sempre fizesse isso pelas pessoas que experimentaram uma perda esmagadora e perderam a confiança nele? Mas ele não faz. Por que não? Bem, *A cabana* é apenas uma história.

Se acreditar em Deus, você tem de acreditar em milagres. Não consigo contar quantas pessoas tenho encontrado ao longo dos anos que dizem que acreditam em Deus, mas claramente não acreditam em milagres. Elas pensariam que a experiência de Mack foi um sonho e atribuiriam sua transformação à cura natural do tempo ou talvez a alguma alteração química em seu cérebro. Mas por quê? Se Deus existe e a natureza é a sua própria criação, certamente ele pode fazer com ela o que quiser. O Criador poderia estar amarrado pelas leis da natureza? Não faz sentido. Se Deus existe, ele pode fazer milagres. Portanto, não há razão lógica para pensar que a epifania de Mack não poderia acontecer ou que ele não poderia recuperar sua alegria milagrosamente. Mas em geral isso não acontece dessa forma. E as pessoas que esperam por isso acabam muitas vezes fazendo parte da Grande Tristeza de outras pessoas.

A minha madrasta sofreu um colapso mental e emocional, e ficou ausente da igreja por muitos meses. Ela mal conseguia se arrastar da cama para fazer alguma coisa. A depressão foi tão grave que às vezes tinha alucinações. Quando por fim ela começou a se recuperar e voltou à igreja, um homem superespiritual encontrou-a na entrada e disse: "Oh, irmã... você está confiando mais em Jesus atualmente?" Isso fez a minha madrasta querer ir para casa e rastejar de volta para a cama.

Mas e se esse homem superespiritual tivesse lido *A cabana*? Isso o teria ajudado a abordar com mais sensibilidade os problemas de outras pessoas? A depressão espiritual sempre resulta de falta de confiança suficiente em Deus? Ou a Grande Tristeza é de certa forma uma reação humana normal à perda e à dor — até para os cristãos?

Não duvido do poder de Deus para intervir na vida de uma pessoa e erguê-la da Grande Tristeza. Sei que isso acontece. Mas raramente acontece em um fim de semana.

E em todos os casos que conheci alguns ferimentos permaneceram. Eu pessoalmente não posso culpar alguém que perdeu um filho em uma tragédia por experimentar a Grande Tristeza — incluindo algum nível de falta de confiança em Deus. Mas uma coisa é dar guarida a dúvidas sombrias e outra é amaldiçoar a Deus. Dúvidas sombrias acerca da bondade ou da proximidade de Deus certamente são naturais na nossa condição de seres finitos e caídos.

Jó e a Grande Tristeza

Vamos ver qual é a orientação da Bíblia sobre esse assunto. Um bom lugar para começar é o livro de Jó. Há muitas semelhanças entre *A cabana* e Jó, mas também há diferenças significativas. Em primeiro lugar, os sofrimentos de Jó foram causados por Satanás, com a permissão de Deus. (Alguns estudiosos discutem se Satanás é o "acusador" na história de Jó, mas deixemos esse debate de lado.) Os sofrimentos de Jó foram um teste para a sua fidelidade a Deus. No entanto, em *A cabana*, Deus não está testando

Mack. O que Mack vivenciou é apenas uma parte da vida em um mundo caído. Isso acontece. Deus não predestinou, organizou, nem planejou isso. Assim, Mack tem menos razão para não confiar em Deus do que tinha Jó! É claro que Jó não conhecia o motivo de seu sofrimento, então psicologicamente os dois sentiam a mesma coisa — que de certo modo Deus era culpado.

Estudiosos têm debatido a questão da história de Jó há séculos. Alguns dizem que ela ensina que Deus é soberano e aconteça o que acontecer, não importando quão mal possa parecer, é para a glória de Deus. Outros dizem que a questão é ensinar que Deus não é o autor do mal ou do sofrimento inocente, mas ele permite que isso aconteça e que pode trazer coisas boas se confiarmos nele.

Penso que *A cabana* seja uma interpretação de Jó. É a perspectiva do autor sobre a tragédia do sofrimento inocente. Onde está Deus quando pessoas inocentes sofrem horrivelmente? A resposta do livro de Jó é ambígua. Primeiro, o livro nos diz que Deus removeu a cerca protetora ao redor de Jó para que Satanás pudesse testá-lo. Então, nos diz que, apesar das terríveis perdas e sofrimentos, Jó questionou Deus, mas não o amaldiçoou. Por fim, nos diz que Deus se recusou a responder às perguntas que Jó e seus amigos lançavam contra ele. Simplesmente lhes perguntou onde estavam quando ele — Deus — criou todas as coisas. Deus deixou a questão do porquê em aberto. Claramente, no entanto, um ponto importante de Jó é que podemos confiar em Deus não importa o que acontecer, e que confiar nele trará recompensas.

O herói de *A cabana*, Mack, é como Jó. Em face da calamidade terrível, a pior imaginável, ele questiona a bondade de Deus. Mas não amaldiçoa a Deus; simplesmente duvida da bondade e da fidedignidade de Deus. Deus intervém da mesma maneira? Não exatamente. O Deus de Jó deixa de lado as perguntas sobre os motivos e a bondade de Deus, dizendo a Jó e seus amigos que ele é Deus e que devem confiar nele. O Deus de Mack entra em uma longa explicação das razões pelas quais Mack deve confiar nele. A explanação deixa certo espaço para o mistério. Nunca nos foi falada a razão exata de Deus permitir o sofrimento inocente, apenas que ele tem suas razões, que têm algo a ver com o livre-arbítrio e com o fato de este ser um mundo de preparação para o próximo.

A declaração final de Jó, depois de Deus mais do que restaurar tudo o que ele perdera, é de felicidade. Ele parece se esquecer dos filhos que perdeu e simplesmente prossegue com as coisas boas que Deus proveu como recompensa por perseverar em sua confiança durante todo o sofrimento. Algo semelhante ao que acontece com Mack. Dessa forma, o fim de *A cabana* parece bíblico.

Lutando com a dor, o sofrimento e a tristeza

Enquanto morria na cruz, Jesus bradou ao Pai: "Meu Deus! Meu Deus! Por que me abandonaste?" (Marcos 15:34). Em meio ao sofrimento, o Filho de Deus questionou a presença de Deus. Jesus fracassou em confiar no Pai celestial?

Essa seria uma interpretação forçada. Confiar na bondade de Deus, todavia, não impediu o Filho de Deus de bradar em protesto a Deus.

Os salmos estão repletos de lamentos a Deus. Por exemplo, no Salmo 143, Davi clama ao Senhor. Em essência, ele implora: "Onde está você, Deus?" E em Lamentações de Jeremias, supostamente escrito pelo próprio profeta Jeremias, que diz de Deus:

> Fez-me comer ervas amargas e fartou-me de fel.
> Quebrou os meus dentes com pedras; e pisoteou-me no pó.
> Tirou-me a paz; esqueci-me o que é prosperidade.
> Por isso digo: "Meu esplendor já se foi, bem como tudo o que eu esperava do SENHOR" (Lamentações de Jeremias, 3:15-18).

Em suas epístolas, o apóstolo Paulo oscila entre expressões de desespero e esperança. "Irmãos, não queremos que vocês desconheçam as tribulações que sofremos na província da Ásia, as quais foram muito além da nossa capacidade de suportar, a ponto de perdermos a esperança da própria vida. De fato, já tínhamos sobre nós a sentença de morte, para que não confiássemos em nós mesmos, mas em Deus, que ressuscita os mortos" (2 Coríntios 1:8,9). Em 2 Coríntios 12:7, Paulo fala de "um espinho na carne" que Deus se recusou a retirar, a despeito de suas orações sinceras. Sim, ele chega a entender seu propósito, mas duvido de que tenha parado de se afligir por isso.

O que tudo isso quer nos dizer? Penso que confirma que é normal e não anticristão lutar com a dor, o sofrimento e a tristeza depois de uma perda terrível. A vida não é toda doçura e luz, mesmo que a confiança em Deus seja restaurada. Eu não ignoro a realidade da disposição radiante de Mack após receber tal epifania. Mas receio que muitos cairão sob o peso da culpa e da vergonha se isso não acontecer conosco. Confiar na bondade de Deus livra uma pessoa da Grande Tristeza? É pecado não confiar plenamente na bondade de Deus? Se *A cabana* sugere uma resposta afirmativa para tais questões, é preciso ser corrigida nesses pontos.

A Bíblia fervilha de pessoas que tinham relacionamentos maravilhosos com Deus e as quais Deus usou de maneiras poderosas, mas que apesar disso carregavam o fardo da Grande Tristeza. O rei Davi é um bom exemplo. Ele pecou com Bate-Seba, e por isso Deus tirou seu filho. Davi deveria simplesmente ter dito: "Confio na bondade de Deus, e agora estou feliz"? Penso que seria esperado muito mais de um mero mortal.

Confiando em Deus com a Grande Tristeza

Meu argumento é que a Bíblia é realista sobre sermos finitos e caídos. Também é promissora sobre o poder de Deus em nos mudar. Mas mesmo as pessoas mais espiritualizadas na Bíblia lutaram com aquilo que poderíamos chamar de depressão. E a história da igreja revela a mesma imagem realista até dos grandes gigantes da espiritualidade. Muitos deles lutaram bravamente com a depressão, incluindo longos períodos de questionamento sobre a bondade de Deus. Agostinho, um pai da Igreja, o confessou. Martinho Lutero falou muitas vezes de seus ataques de depressão espiritual, que nunca paravam de acontecer. O grande escritor de hinos do século XVIII, William Cowper, autor de *There is a Fountain Filled with Blood* [Há uma fonte cheia de sangue] e vários outros hinos, passou anos em um manicômio e às vezes questionava sua salvação. C. S. Lewis era atormentado por um mau humor sombrio no qual questionava a bondade de Deus, sobretudo depois que sua mulher morreu. O grande teólogo evangélico do século XX, E. J. Carnell, presidente do Seminário Teológico Fuller, possivelmente morreu de uma *overdose* de antidepressivos.

A Bíblia e a história simplesmente não confirmam a ideia de que a Grande Tristeza vai embora quando existe confiança em Deus. Todas essas pessoas confiavam em Deus. Às vezes mais, às vezes menos. Mas há o perigo real de ler *A cabana* e pensar que a depressão e até a dúvida automaticamente vão embora quando confiamos em Deus. Os cristãos podem confiar em Deus e mesmo assim sentir um desespero tenebroso; é uma reação humana normal à perda. Nosso cérebro está programado dessa maneira.

Assim, como *A cabana* pode ter terminado corrigindo esse problema? Gostaria de sugerir uma condição mais realista para Mack. Imagino que alguém que tenha um filho sequestrado e assassinado permaneceria destruído para sempre. Sim, Deus e o tempo podem curar muitas dores, e um pouco de felicidade poderia voltar. Mas nós não deveríamos julgar tal pessoa se ela continuasse a ruminar sobre o filho perdido. É normal essa pessoa às vezes pensar no filho e até gritar com Deus: "Por quê?"

Enquanto fui crescendo em uma igreja do "Evangelho total", as pessoas costumavam se perguntar umas às outras: "Você obteve a vitória?", o que significava: "Você está vivendo com júbilo e triunfantemente acima de todas as circunstâncias, sejam quais forem?" Se não, essa pessoa passava a ser objeto de muita oração, e as demais ficavam desconfiadas de que ela era menos do que totalmente espiritual. Sem dúvida, tais atitudes ainda afetam o meu ponto de vista em relação ao sofrimento e suas consequências.

Por isso, eu poderia emendar as palavras do posfácio de *A cabana* para dizer que, apesar de a Grande Tristeza de Mack ter saído de seus ombros devido à experiência com Deus, ele às vezes olha para o céu com saudade e tristeza, pensando em Missy e querendo estar com ela. E de vez em quando luta com a bondade de Deus, mesmo se recordando das garantias que Papai, Jesus e Sarayu lhe deram. Mas ele também opera dentro de uma confiança básica em Deus, acreditando que a fará chegar às pessoas que sofrem inocentemente, para que possam receber algo bom até da pior tragédia.

Deus é bom

Acontecimentos como o assassinato de Missy levantam a questão da bondade de Deus em um tom febril. Existem muitas explicações que tentam reconciliar a bondade de Deus com tais horrores na história. Mas nenhuma pode ser plenamente satisfatória — se por satisfatório queremos dizer limpar e enxugar a devastação e a dor emocional. Mas a explicação de *A cabana* é tão boa quanto elas. Deus permite que qualquer coisa aconteça, mas não as predetermina nem as torna certas. Deus permite que qualquer coisa aconteça por motivos que estão além da nossa compreensão.

A maior ajuda que tenho encontrado para isso vem de um livro maravilhoso, mas não particularmente fácil de ler, intitulado *A Scandalous Providence: The Jesus Story of the Compassion of God* [Uma providência escandalosa: a história de Jesus sobre a compaixão de Deus], de E. Frank Tupper. Tupper argumenta que a vida é arbitrária, mas Deus não é. Em toda situação trágica de sofrimento inocente, Deus faz tudo que pode fazer para preveni-la e aliviá-la. Deus é totalmente impotente? Não. Tupper não sugere isso. Ao contrário, Deus limita a si próprio em prol da liberdade humana. E Deus age de acordo com regras sobre quantas vezes e quando ele pode intervir. Outro autor, Gregory A. Boyd, sugere que a oração, de certa forma, determina a capacidade de Deus de intervir. No livro *Is God to Blame?* [Deus é culpado?], Boyd argumenta que Deus escolhe depender do nosso envolvimento em superar o mal do mundo. A oração é um dos fatores que permite a Deus impedir as tragédias. Sim, às vezes Deus pode intervir sem oração, mas muitas vezes não o faz, porque escolheu limitar a si mesmo.

Essa perspectiva tem me ajudado tremendamente. E penso que algo parecido está sendo assumido em *A cabana*. É claro que o romance não entra em detalhes, mas Papai diz para Mack que não pode intervir *unilateralmente* para impedir todo sofrimento inocente (p. 178).

Esse ponto de vista me ajuda a acreditar na bondade de Deus a despeito de todos os males e casos horríveis de sofrimento inocente no mundo. Parece-me que a mensagem de *A cabana* é 90% apropriada. Deus é bom e pode ser confiável, não para consertar tudo, mas para cuidar e fazer com que todas as coisas juntas operem para o meu bem (Romanos 8:28). Veja você que para mim a questão mais importante da fé é acreditar que Deus é bom. Um Deus Todo-poderoso, mas que não seja bom não me interessa. Prefiro acreditar em um Deus amoroso e bom que limita seu próprio poder. E penso que essa visão de um Deus autolimitante e amoroso é perfeitamente bíblica. Dois grandes temas da Bíblia são a aversão de Deus ao sofrimento inocente (ele é bom) e esperar que oremos para que ele possa agir (ele limitou a si mesmo).

A resposta adequada para confiar em Deus

Porque Deus é bom, posso confiar nele ainda que experimente uma dor e uma tristeza profundas pela forma como o mundo anda. Penso que Deus também experimenta uma dor e uma tristeza profunda pela Criação caída. Até para Deus nem tudo é doçura e luz! Se ele sofre pelo sequestro e assassinato de uma criança, e eu não consigo imaginar que não sofra, então seguramente nenhum pai pode ser culpado por sofrer, ainda que confie em Deus.

No meu final para *A cabana*, então, eu retrataria a Grande Tristeza diminuindo gradualmente, conforme o tempo e a epifania de Mack trabalhassem para aliviá-la. Seu profundo sentimento de perda continua lá. Mas, apesar disso, Mack agora sente algo mais. O peso espiritual que o empurrava para baixo e o tornava cético e duro para com Deus está se erguendo gradualmente de seus ombros. Ele está começando a sentir uma alegria intermitente, apesar da dor contínua; está voltando ao balanço da vida e dos relacionamentos, enquanto ainda luta ocasionalmente com os sentimentos de perda e de tristeza.

Meu final seria mais satisfatório para os leitores de *A cabana*? Não sei. Talvez alguns leitores não gostassem. Algumas pessoas apreciam os finais de contos de fadas. Mas eles são reais? Receio que o final do autor sugira que aqueles que lutam com a tristeza não confiam plenamente em Deus. Eu preferiria ler uma conclusão realista àquela que parece não ser deste mundo.

capítulo doze

Como deveríamos responder à Cabana

Um endosso na capa da edição americana de *A cabana* compara esse livro ao clássico cristão *O peregrino*. Não estou certo de que *A cabana* atinja o mesmo peso literário. Por mais importante e inspiradora que seja, *A cabana* é apenas uma história e não a própria Palavra de Deus. Minha preocupação é de que alguns leitores entusiasmados possam ser tentados a elevar esse livro a um *status* maior do que qualquer romance merece. Embora tenham surgido livros surpreendentemente populares e capazes de transformar a vida das pessoas desde a Bíblia, todos devem ser julgados de acordo com as Escrituras e considerados menos importantes do que ela.

Em 1896, o ministro cristão Charles M. Sheldon escreveu *Em seus passos o que faria Jesus?*, que se tornou o livro mais vendido depois da Bíblia. Milhões de pessoas o leram e foram inspiradas por ele; algumas o colocaram em um pedestal ao lado da Bíblia, o que era contrário às intenções de Sheldon. Um século após a publicação do livro, alguém pegou parte de seu título, *O que faria Jesus?*, e o transformou em um clichê: WWJD? [Do inglês, *What Would Jesus Do?*], que aparecia em joias, adesivos de carros e painéis de rua. É interessante notar que *A cabana* faz uma crítica ao WWJD. Mack pergunta a Jesus: "Quer dizer [. . .] que eu não posso simplesmente perguntar: 'O que Jesus faria?'" (p. 136). A conversa girava em torno de relacionamentos regidos por regras. Jesus responde: "Boas intenções, má ideia", e segue explicando que sua vida não se destinava a um exemplo a ser copiado. Certamente, isso surpreenderá a muitos leitores! Em vez disso, de acordo com Jesus: "Ser meu seguidor não significa 'ser como Jesus', significa matar sua independência" (pp. 136-7).

Então, aqui temos dois grandes romances cristãos, *Em seus passos. . .* e *A cabana*, em desacordo sobre o verdadeiro significado de ser um seguidor de Jesus. O ponto é que os leitores de ambos os romances deveriam se lembrar de que eles são comentários sobre a Palavra de Deus e não a própria Palavra de Deus. Temos de resolver com qual deles vamos concordar (espero que com a ajuda da nossa comunidade de fé, é claro!). Os dois não podem estar certos. Penso que tanto Charles Sheldon quanto William Young concordariam comigo que seus romances, assim como o clássico *O peregrino*, são meramente pontos de vista humanos do que as Escrituras querem dizer. São inspiradores, mas não inspirados.

Isso significa que os leitores exigentes de *A cabana*, que estão interessados na verdade, precisam estar informados pelas Escrituras. Muitas vezes, os cristãos (para não dizer nada de outros) substituem as verdades pesadas da Bíblia por uma mensagem confortante e inspiradora. Leem biografias cristãs, romances e livros de autoajuda mais do que leem as Escrituras. Isso é um erro. Não estou dizendo literalmente que os cristãos têm de ler a Bíblia mais do que algum outro livro, minutos por dia, semana ou mês. Estou dizendo que deveriam continuamente ler e absorver o significado da Bíblia. Quando fazemos isso, a Bíblia se torna as lentes por meio das quais todo o resto é interpretado.

Os anos recentes têm visto a publicação de diversos romances cristãos que se tornaram campeões de venda, falando sobre anjos, demônio e o retorno de Jesus Cristo. Muitos leitores desses livros não estão suficientemente familiarizados com as Escrituras para discernir entre o bom e o mau no conteúdo deles. Eles ficam até desnorteados quando uma pessoa aponta algo em seu romance cristão favorito que não está nas Escrituras ou que está em desacordo com elas. Embora a mensagem principal de *A cabana* sobrepuje a maioria desses romances, ela deveria estar sujeita ao pensamento crítico e não crida sem questionamentos.

Respondendo à mensagem de *A cabana*

Então, qual poderia ser a resposta adequada para *A cabana*? Primeiro, não começar um ministério com base nela. Com muita frequência, quando um livro com tema cristão se torna um fenômeno, alguém se aproveita de sua popularidade e cria um ministério. Posso imaginar alguém comprando uma velha cabana na floresta e levando pessoas lá para ler *A cabana* a fim de buscar seu próprio encontro com Papai, Jesus e Sarayu. Bem, talvez seja improvável. Mas é possível que alguém tente desenvolver um programa religioso com base nela.

Todavia, penso que *A cabana* provocará uma grande discussão que dará início a pequenos grupos cristãos (e talvez a outros). Aliás, conforme escrevo isso, minha mulher e seu "Grupo de Vida" com base religiosa estão quase se reunindo em nossa casa para o encontro semanal. Eles leem e discutem *A cabana*. Tenho certeza de que estão acontecendo centenas, se não milhares, de pequenos grupos. Sugiro que mantenham uma Bíblia por perto e passem cada trecho de *A cabana* ao crivo dela. Como a Bíblia mesmo diz: "Ponham à prova todas as coisas" (1 Tessalonicenses 5:21).

Quanto à mensagem de *A cabana*, deveríamos inferir especialmente de sua ênfase na bondade e na fidedignidade de Deus em todos os nossos relacionamentos. Conforta os aflitos ao deixá-los saber que Deus não é a fonte de seu sofrimento e que se preocupa profundamente com eles, mesmo que não possa aliviar esse sofrimento (por respeitar o livre-arbítrio). Também inferimos da mensagem de *A cabana* que os relacionamentos são mais importantes do que as regras. O Cristianismo autêntico não é tanto *fazer* quanto *ser*: a vida cristã é vivida na comunhão transformadora com Deus e não por seguir regras. Alguns cristãos são mais obcecados com os Dez Mandamentos do que com Jesus. É triste.

Por outro lado, tenho lido críticas sobre *A cabana*, e algumas delas são muito injustas com o livro. Acusam-no de heresia, mas é evidente que o entenderam mal ou leram algo nele que não existe. Recomendo que os leitores encarem o livro com uma atitude de caridade e generosidade. É pena, mas alguns leitores cristãos pensam que é seu dever achar erro em quase tudo. *A cabana* contém certos erros, mas não encontrei nada que fosse flagrantemente herético.

Heresia não é um termo fácil de definir. Mas é sempre algo negativo. Ninguém alega estar pregando ou promovendo a heresia. Para entender adequadamente o que é, precisamos reconhecer que há dois níveis de heresia. Primeiro, existe heresia no contexto da Grande Tradição da igreja. Nesse sentido, a heresia, então, é negar a verdade de que todos os ramos do Cristianismo têm acreditado e ensinado como essencial a fé cristã ao longo dos séculos. Há apenas algumas heresias substanciais dentro da Grande Tradição: a negação da Trindade, a negação da deidade ou da humanidade de Jesus Cristo, a negação da salvação apenas pela graça, a negação da ressurreição física de Jesus Cristo e da nossa própria ressurreição futura. (Talvez haja mais.)

Por exemplo, a maioria das denominações cristãs encara a negação da Trindade como heresia. Alguns grupos negam categoricamente a doutrina da Trindade, dizendo que é falsa e talvez uma invenção de certos pais da Igreja, que foram muito influenciados pelo imperador romano Constantino. Mas a história da igreja prova que esses grupos estão errados. Os primeiros pais da Igreja já acreditavam na Trindade, e a Trindade está bastante implícita nas Escrituras. Na verdade, não há como as Escrituras fazerem sentido sem ela! No entanto, as ideias controversas propostas por cristãos, em sua maioria, não se alçam a esse nível de heresia porque não atacam o coração do evangelho. E não vejo nada assim em *A cabana*.

É importante não confundir imagem com doutrina. Só porque algumas das imagens usadas em *A cabana* sejam não convencionais não significa que são heréticas. O autor deixa bem claro que não pensa que Deus Pai seja literalmente uma alegre mulher negra. E ele vai longe para deixar claro que Pai, Filho e Espírito são um ser e três pessoas. Apesar da imagística utilizada em *A cabana*, a doutrina da Trindade está claramente refletida nas palavras de Deus sobre si mesmo para Mack. Receio que alguns críticos não tenham distinguido apropriadamente imagística e doutrina quando criticaram o livro.

Um segundo significado de heresia está ligado às crenças de uma *fatia* da tradição cristã. Se você é católico romano, por exemplo, é heresia negar a infalibilidade do papa. Se for protestante, provavelmente é uma heresia afirmar que acredita na infalibilidade do papa! Se você é protestante, deveria confessar que a salvação é sempre "pela graça apenas por meio da fé". Mas se é católico romano, afirmar a parte da "fé apenas" pode constituir heresia. Assim, algumas heresias são contextuais. Quando uma pessoa acusa um autor de heresia, deveria explicar que padrão está sendo usado como critério de verdade e erro. Algumas das ideias de *A cabana* poderiam ser heréticas em certo contexto denominacional. Por exemplo, algumas igrejas exigem que os ministros jurem fidelidade à determinada declaração de fé. Tal declaração poderia incluir a doutrina que Deus incondicionalmente predestina algumas pessoas para serem salvas e deixa outras à condenação. E isso implicitamente nega o livre-arbítrio — pelo menos como é definido e afirmado em *A cabana*.

Por conseguinte, algumas ideias em *A cabana* podem constituir heresia ou pelo menos erro grave em certo cenário denominacional. Assim, um pastor de determinada denominação pode dizer para sua congregação que o livro é herético porque afirma fortemente o livre-arbítrio e nega implicitamente a predestinação incondicional. Mas ainda há um problema aqui. William Young é membro dessa denominação? Se não for, não pode ser acusado de heresia! Ele não está preso à declaração de fé dessa denominação. Então, o pastor responsável poderia dizer à sua congregação que esse elemento de *A cabana* é herético de acordo com os padrões da sua denominação, sem dizer que Young é herético. Isso seria justo.

Mas mesmo assim penso que só é justo reconhecer que a "heresia" nesse sentido se refere a um cenário denominacional em particular. É óbvio que precisamos de mais palavras para descrever erros doutrinais. Quando alguém com autoridade afirma que uma ideia é herética, as pessoas podem muito bem supor que significa que é anticristã ou que nega o evangelho de Jesus Cristo. Mas não significa isso necessariamente.

Encontrando a heresia em *A cabana*

Quais são as chamadas heresias supostamente encontradas em *A cabana*? Alguns têm acusado o livro de promover a salvação universal. Outros o têm cobrado por ser mais "centrado no homem" do que em Deus. Outros ainda o criticam por negar certa teoria de como a morte de Cristo na cruz opera. E existem os que reclamam que ele ensina uma falsa perspectiva da Trindade. Qual é a verdade sobre tais acusações?

Vamos começar com a Trindade. Já discuti esse assunto no terceiro capítulo. Minha opinião é que não há nada de herético na doutrina implícita de *A cabana* sobre a Trindade contanto que entendamos que a imagística é apenas isso — imagística. A doutrina por atrás da imagística defende favoravelmente o Credo Niceno, o credo normativo da maioria dos ramos do Cristianismo, que afirma que Deus é "uma substância" e "três pessoas". *A cabana* não utiliza essas palavras, e não deveria utilizar. É um romance escrito para o povo. Mas qualquer um que o ler com cuidado não pode acreditar seriamente que ele conflita com as Escrituras ou com o credo. Se alguém pensar assim, estará importando uma interpretação específica da Trindade que consta tanto na Bíblia quanto no credo. É muito comum dentre os caçadores de heresia. Eles tomam a sua própria interpretação estreita da doutrina e a colocam acima da Bíblia e do credo, e então acusam de heresia qualquer coisa que não combine com as suas interpretações. Mas está errado.

Uma avaliação cuidadosa da doutrina da Trindade de *A cabana* é útil e justa. O livro pode ficar aquém de ser completo, e pode conter algumas distorções (ver capítulo três), mas não pretende ser uma teologia sistemática. Para um romance, é uma adequada, se não particularmente iluminada, explicação da Trindade.

E a acusação de que *A cabana* ensina a salvação universal? Primeiro, vamos ver se o universalismo — a ideia de que no fim todos serão salvos — é de fato uma heresia. Temos de admitir que o universalismo não faz parte do consenso doutrinal histórico cristão. A grande maioria dos pais da Igreja e dos reformadores acreditava nisso e ensinava a realidade do inferno. Todavia, alguns pais cristãos dos primórdios, como Orígenes e Gregório de Nissa, acreditavam na salvação universal. É reconhecido como heresia pela maioria dos pilares denominacionais cristãos: católicos romanos, ortodoxos orientais e protestantes. Mas *A cabana* diz que no fim todos serão salvos? Diz que Cristo morreu por todos. Isso não é universalismo. O livro deixa claro que, para se beneficiar da morte reconciliadora de Cristo, a pessoa precisa escolher ter um relacionamento com Deus. Arrependimento e fé estão implícitos. Não vejo nenhuma flagrante negação do inferno em *A cabana*, embora a realidade do inferno pudesse ser mais clara no livro (ver capítulo seis). Uma acusação de heresia nunca é justificada em razão do silêncio. Se fosse esse o caso, cada sermão seria herético porque nenhum explica *todos* os princípios básicos da autêntica fé cristã!

Por fim, e a reclamação de que *A cabana* nega a doutrina da reconciliação? A reconciliação é uma palavra composta, literalmente inventada por um tradutor da Bíblia do Renascimento, a partir de duas palavras e um prefixo: "re", "concilia" e "ação". Na cruz, nos tornamos "um" com o pai. Isso significa "reconciliação". Assim, literalmente falando, qualquer ensinamento que diga que Cristo reconciliou Deus com a humanidade e a humanidade com Deus está abraçando a reconciliação. Alguns críticos dizem que *A cabana* é herética porque não articula claramente a "teoria da substituição penal" com a reconciliação. Naturalmente, eles não a veem como uma teoria, mas ela não é uma parte essencial da Grande Tradição do Cristianismo. Algumas denominações, porém, têm optado por torná-la normativa para suas igrejas. A teoria da substituição penal afirma que Jesus Cristo sofreu o castigo merecido pelos seres humanos. A ira de Deus, em outras palavras, foi derramada sobre Jesus Cristo na cruz. Isso foi ensinado por muitos dos reformadores. Mas não é a única teoria da reconciliação apoiada pelos cristãos.

Todos aqueles que fazem a acusação de heresia deveriam ser claros naquilo que dizem. Estão reivindicando que uma pessoa deva acreditar na teoria da substituição penal para ser um cristão? Isso excluiria uma quantidade enorme de pessoas ao longo da história da igreja! Ou estão dizendo que William Young não seria capaz de ministrar na denominação deles porque não acredita nessa teoria da reconciliação? Se for, seria algo útil para dizer a uma congregação ou a um grupo de igrejas.

Todavia, não estou certo de que *A cabana* negue o perdão substitutivo. Considerando o que Jesus, Papai, diz a Mack: "A morte dele e sua ressurreição foram a razão pela qual eu agora estou totalmente reconciliado com o mundo" (p. 180), minha opinião é que *A cabana* nem ensina claramente nem nega o perdão substitutivo. O que ela diz é coerente com essa doutrina, mas não chega a afirmar claramente. Nem precisa fazê-lo, certo? Seria pedir demais de um romance.

Levando tudo isso em conta, considero muitas críticas à *Cabana* problemáticas. Ofereci minhas próprias críticas neste livro. Mas elas têm a ver com os elementos da história que podem ser mal-interpretados. Uma coisa é a sugerir correções e outra é lançar acusações de heresia! Não encontro heresia em *A cabana*, e me preocupo com as pessoas que *pensam* que encontram.

Vou ser claro mais uma vez. Se uma pessoa que acusa *A cabana* de heresia perder explicar por que o livro não está exatamente de acordo com as normas doutrinais de uma determinada denominação, muito bem. Mas a maioria dos críticos não diz isso. Eles simplesmente colocam o rótulo de "heresia" no livro, o que não é justo, caridoso, nem mesmo cristão.

Aprendendo com *A cabana*

De modo geral, acredito que *A cabana* seja uma força para o bem no mundo de hoje. Por quê? Porque retrata fielmente a natureza de Deus por meio da sua mais completa e imediata revelação — Jesus Cristo. É também testemunho da verdade de que Deus é absolutamente bom e confiável, e não é em nenhum sentido o autor do mal ou do sofrimento inocente.

Mas *A cabana* só será uma força positiva se as pessoas a mantiverem nessa perspectiva. É apenas uma história escrita por um mero mortal; não é a Sagrada Escritura composta por um profeta ou por um apóstolo. Em uma palavra, é inspiradora, mas não inspirada.

Qual poderia ser a resposta correta com base nesta análise do livro? Sugiro que as pessoas falem em defesa de *A cabana* e seu autor quando encontrarem críticas injustas ou malévolas, sobretudo quando encontrarem acusações de heresia contra o livro e o autor. Sem a pretensão de serem perfeitos, os fãs do livro podem defender sua veracidade básica e até seu poder para mudar corretamente a mentalidade das pessoas em relação a Deus.

Mais importante ainda: os leitores de *A cabana* deveriam responder ao se apropriarem de suas verdades, confiando em Deus apesar das circunstâncias negativas e buscando restaurar os relacionamentos rompidos com o perdão e a reconciliação. Deveríamos desenvolver uma imagem semelhante à da natureza de Deus conforme definida por Jesus Cristo — amorosa, indulgente, compassiva e misericordiosa.

Guia de estudo para *Deus e A* CABANA

Individual ou em grupos por
Andrew T. Le Peau

As questões a seguir foram formuladas para ajudar pessoas ou grupos a explorar muitos dos temas polêmicos de *A cabana* ao acompanhar o *Deus e A cabana* de Roger Olson. No caso de grupos, as questões de dois capítulos podem ser debatidas em discussões de 45 minutos. Dessa forma, os doze capítulos serão abrangidos em seis sessões. Também é possível discutir o livro de Roger Olson e *A cabana* em menos sessões, selecionando-se questões apropriadas a partir dos capítulos em debate.

Se você planeja discutir esses livros em uma única sessão, um guia para tal propósito é encontrado após as questões relativas ao capítulo 12.

Capítulo 1. Por que um livro sobre *A cabana*?

1. Por que você acha que tantas pessoas têm sido tão influenciadas por *A cabana*?
2. Como você foi influenciado?
3. Você se identificou com Mack? Se sim, como? Se não, por quê?
4. A história parece verdadeira para você — no sentido de que a história combina basicamente a experiência humana e o que a Bíblia diz? Explique.

Capítulo 2. Onde está Deus no sofrimento sem sentido e no sofrimento inocente?

1. O problema do mal é uma das questões mais difíceis para os cristãos. Duas histórias — sobre o homem que pensava que Deus tirou a vida do seu filho e outro que não pensava que fosse a vontade de Deus que seu filho morresse. Qual perspectiva faz mais sentido para você e por quê?
2. Onde está Deus quando nossos entes queridos ou nós mesmos sofremos? Roger Olson diz que "de acordo com *A cabana*, Deus está sofrendo junto conosco". Como *A cabana* mostra que Deus age assim?
3. Outra resposta que *A cabana* oferece ao problema do mal é aquela de um Deus amoroso que concede o livre-arbítrio aos seres humanos, e que o amor não força a sua vontade (p. 132, *A cabana*). Como você responde a essa ideia?
4. *A cabana* lhe assegura da bondade de Deus? Explique.

Capítulo 3. Deus é de fato uma família de três?

1. Muitas pessoas pensam em Deus como uma figura sentimental, como seria um avô, ou como um juiz rigoroso e punitivo. Como você responde à tentativa de *A cabana* de corrigir essas imagens populares de Deus, especialmente por retratar Deus como Papai e Sarayu?
2. Roger Olson acredita que *A cabana* está essencialmente alinhada com a doutrina cristã tradicional em seu retrato da Trindade, lembrando que ela é um romance e não um livro de teologia sistemática. A própria Bíblia dá muitas imagens ou retratos de Deus, tais como um pastor amoroso, uma mulher de sabedoria, um pai esperando, um rei retornando. Por quais imagens de Deus você se sente mais atraído e em quais encontra mais ajuda? Por quê?
3. Uma das mais importantes questões sobre Deus sendo Trindade é que Deus é amor e o amor exige um relacionamento. Se Deus fosse único e solitário, ele não poderia ser amor. Como Roger Olson afirma: "Papai, Jesus e Sarayu amam eternamente uns aos outros." Isso faz sentido para você? Explique.
4. Roger Olson tem uma questão com a forma com que *A cabana* descreve como as três pessoas da Trindade estiveram envolvidas na cruz. Só Jesus se tornou humano e só Jesus morreu; ao contrário da maioria dos ensinamentos cristãos, *A cabana* sugere que as três pessoas morreram na cruz. No entanto, como é que *A cabana* nos ajuda a entender que podemos conhecer melhor a Deus por meio de Jesus?

Capítulo 4. Deus está no comando, mas não no controle?

1. No capítulo 4, Roger Olson volta ao problema do mal, abordando-o mais detalhadamente. A questão é: como Deus pode ser todo de bondade e Todo-poderoso e o mal ainda existir? Para responder à pergunta, *A cabana* sugere que Deus limita a si mesmo ao não controlar cada detalhe da nossa vida, por respeitar as nossas escolhas livres e porque o amor não força sua vontade sobre os outros. Você acha que Deus jamais força as pessoas contra a vontade delas? Por quê?
2. *A cabana* também sugere que Deus está redimindo e redimirá o mundo ao trazer o bem a partir do mal, e que Deus compensa os inocentes que sofrem. Essas respostas para o mal fazem sentido para você? Explique.
3. Como a atitude e a resposta de Jesus para o mal nos ajudam a entender Deus?
4. Roger Olson conclui que em função de Deus parecer ter limitado a si mesmo, nem sempre intervém no mundo: "é melhor dizer, como diz *A cabana*, que Deus está no comando, mas não no controle". Você concorda? Por quê?

Capítulo 5. O que está errado com o mundo e conosco?

1. É muito comum em nossa cultura afirmar a fé que temos no espírito humano; isto é, todos têm um potencial maravilhoso e são bons de coração. *A cabana* retrata as pessoas e o mundo como uma bagunça. Você acha que esse retrato é exato? Explique.
2. *A cabana* claramente coloca os problemas do mundo aos pés dos seres humanos. Nós abraçamos o mal e

insensibilizamos toda a Criação conosco. Como explicamos que algumas pessoas parecem muito más e outras apenas só um pouco más?

3. Um dos motivos para Mack estar tão angustiado com Deus é que o mundo está uma bagunça, e Deus não parece ter feito o suficiente para consertá-lo. De que forma você tem estado igualmente zangado ou angustiado com Deus?
4. Roger Olson vê o retrato da condição humana de *A cabana* não como uma notícia ruim, mas como uma boa notícia, porque ele leva à grande notícia de que o nosso Criador não desistiu de nós. Deus enviou seu Filho para nós. Dessa forma, tanto a Bíblia quanto *A cabana* são realistas e auspiciosas. Você concorda? Por quê?

Capítulo 6. Deus perdoa a todos incondicionalmente?

1. *A cabana* sugere que, por meio da morte de Jesus na cruz, Deus já nos perdoou. Roger Olson diz, em vez disso, "que Deus, em Cristo, lançou as bases para o perdão" para todos nós. Perdão vem apenas quando aceitamos o que Deus oferece. Qual perspectiva você acha que é mais exata, e por quê?
2. Alguns pensam que para levar as pessoas a fazer a coisa certa, precisamos recorrer a um Deus severo (normalmente o Pai), mas quando precisamos de perdão nos dirigimos a Jesus. William Young diz que tal versão dupla de Deus está errada: a disposição fundamental de Deus para conosco é de amor, e Jesus reflete perfeitamente o coração do Pai. No entanto, Jesus também tinha palavras duras para os líderes religiosos e palavras bem desafiadoras para os ricos. Como conciliar esses dois aspectos da natureza de Deus?

3. "Deus explica para Mack que, em vez de 'expectativas', ele tem 'prontidão', que é mais adequado para os relacionamentos. [. . .] Colocar expectativas sobre nós apenas nos leva à culpa e à vergonha." Como você tem visto tanto as expectativas quanto a prontidão na obra em sua vida?
4. Roger Olson diz que *A cabana* parece ter deixado "o inferno como no máximo um 'refúgio doloroso' que Deus providencia para aqueles que teimosamente resistem a seu amor". O que você acha dessa noção?

Capítulo 7. O que Deus quer conosco?

1. O que é o mal? Roger Olson concorda quando *A cabana* diz que o mal não é uma coisa em si mesma, mas a ausência do bem, tal como a escuridão é a ausência de luz. Assim, Deus não podia ter criado o mal visto que ele só existe como a ausência de algo que Deus criou. Como é que a ilustração que Roger Olson oferece sobre a caverna em Dakota do Sul ajuda a explicar algo que é muito real, mas não foi criado?
2. "*A cabana* não usa muito essa palavra *[pecado]*, o que pode levar algumas pessoas a pensar que Young é flexível em relação ao pecado. No entanto, uma leitura atenta revela que ele é quase obsessivo com o pecado. [. . .] De acordo com *A cabana*, o pecado é a declaração de independência da humanidade em relação a Deus. Como você pode responder a essa definição de *pecado*?
3. A salvação em *A cabana* está restaurando um relacionamento com Deus que foi rompido pela nossa declaração de independência de Deus. Deus fala para

Mack que por meio da morte e ressurreição de Jesus Deus torna a salvação possível. O que você entende que isso significa?

4. O último passo no projeto da restauração de Deus é o mais difícil para Mack e para a maioria das pessoas. Não só devemos confiar em Deus, como também devemos perdoar os outros, incluindo aqueles que mais nos feriram. Para Mack, é claro, tem a ver com o Matador de Meninas. Deus fala para Mack que perdoar não é esquecer, nem é desculpar. Isso não significa renunciar à justiça, mas deixar a justiça para Deus. Como você responde ao ser chamado a perdoar os outros dessa maneira?

Capítulo 8. Os que abusam de crianças irão para o céu?

1. O capítulo 8 continua a explorar o tema do perdão, especialmente para aqueles que são culpados de crimes hediondos como o abuso de crianças. Por que é tão odioso para essas pessoas muitas vezes tão fortes, e por que sofremos contemplando o perdão para eles?
2. Como você responde à história do Roger Olson sobre o relacionamento com seu pai?
3. Deus fala para Mack que ele deveria perdoar o Matador de Meninas para o próprio bem de Mack. Como isso poderia ajudar Mack?
4. A questão básica do capítulo 8 deste livro é se Deus perdoa as pessoas sem levar em consideração o quão terríveis são seus atos. Como você acha que *A cabana* responde a essa questão?

Capítulo 9. Jesus não é cristão?

1. Mack está desiludido com a instituição cristã. Por que há tantas pessoas como Mack, até entre aquelas que são cristãs há tantos anos?
2. Nas pp. 168 a 169 de *A cabana*, Jesus fala para Mack que pessoas de cenários muitos diferentes o amam e o seguem. O que você acha que William Young está tentando dizer com isso?
3. Na página 166 de *A cabana*, Jesus diz que não cria instituições e que também não gosta muito de religiões. O que ele quer dizer? Explique por que você concorda ou não.
4. Roger Olson argumenta que com base em Atos 10 e Mateus 25 as pessoas podem ser seguidoras de Jesus sem serem cristãs, isto é, sem fazer parte de uma igreja. Você acha que o argumento dele é convincente? Por quê?

Capítulo 10. Onde fica a Igreja na experiência com Deus?

1. *A cabana* parece sugerir que alguém pode experimentar Deus totalmente à margem da comunidade cristã. Roger Olson não pensa que seja necessário fazer parte de uma organização ou instituição, mas que um seguidor de Jesus precisa da companhia do povo de Deus, que não é meramente o cristianismo individualista. O que você acha, e por quê?
2. Quais têm sido suas experiências, positivas e negativas, com igrejas?
3. Roger Olson fala sobre a comunidade cristã do Novo Testamento nas páginas. Como você responde ao que ele diz?

4. O que você acha do final alternativo que Roger Olson imagina para *A cabana* e de suas razões para isso?

Capítulo 11. Confiar em Deus é tudo doçura e luz

1. O quão realista é o final de *A cabana*? Você acha que alguém conseguiria superar uma tragédia como a de Mack e ser feliz tão depressa?
2. Roger Olson diz que Mack é um Jó contemporâneo. Tanto Mack quanto Jó lutaram com o porquê do sofrimento inocente; ambos questionaram a bondade de Deus, mas não se rebelaram contra ele; ambos tiveram um encontro profundo e direto com Deus e experimentaram a bênção de Deus. O quanto você acha Mack e Jó parecidos ou diferentes?
3. Roger Olson aponta que Jesus, os salmistas, Jeremias no livro das Lamentações de Jeremias e o apóstolo Paulo lutaram com a dor, com o sofrimento, a tristeza e a perda terrível. Você concorda que tais experiências são normais e não contrárias ao Cristianismo? Explique.
4. Você concordaria com Roger Olson que a questão fundamental da fé é acreditar que Deus é bom? Por quê?

Capítulo 12. Como deveríamos responder à Cabana?

1. Alguns leitores apreciaram tanto *A cabana* que a tomam como sendo tão confiável quanto a Palavra de Deus. Por que é importante lembrar que o livro fala *sobre* a Palavra de Deus, mas não é a própria Palavra de Deus?
2. Outros a analisaram (para criticar ou elogiá-la) como um livro de doutrina. Mas *A cabana* é um romance e não um livro de teologia. Como essa lembrança nos ajuda?

3. Alguns leitores e resenhas têm apresentado fortes críticas à *Cabana*. Qual é a diferença entre rotular *A cabana* como heresia (contra aquilo que os cristãos creram ao longo dos séculos em todo o mundo) e dizer que ela pode não corresponder às normas doutrinais de uma denominação em particular?
4. Olson diz que uma das razões para *A cabana* ser tão valiosa é porque ela "retrata fielmente a natureza de Deus através da sua mais completa e imediata revelação — Jesus Cristo". O que aprendemos sobre Deus através de Jesus em *A cabana*?

Um guia de discussão em sessão única para *Deus e A cabana*

As questões a seguir foram formuladas para ajudar pessoas ou grupos a explorar muitos dos temas polêmicos de *A cabana* ao acompanhar o *Deus e A cabana,* de Roger Olson, em uma sessão única de 60 a 90 minutos.

1. Por que você acha que tantas pessoas têm sido tão influenciadas por *A cabana*?
2. A existência do mal no mundo é um dos principais assuntos que *A cabana* levanta. Onde está Deus quando nossos entes queridos ou nós mesmos sofemos? Roger Olson diz que "de acordo com *A cabana*, Deus está sofrendo junto conosco". Como *A cabana* mostra que Deus age assim?
3. Outra resposta que *A cabana* oferece ao problema do mal é aquela de um Deus amoroso que concede o livre-arbítrio aos seres humanos, e que o amor não

força a sua vontade (p. 132 de *A cabana*). Como você responde a essa ideia?

4. É muito comum em nossa cultura afirmar a fé que temos no espírito humano; isto é, todos têm um potencial maravilhoso e são bons de coração. *A cabana* retrata as pessoas e o mundo como uma bagunça. Você acha que esse retrato é exato? Explique.
5. *A cabana* também sugere que Deus está redimindo e redimirá o mundo ao trazer o bem a partir do mal, e que Deus compensa os inocentes que sofrem. Essas respostas para o mal fazem sentido para você? Explique.
6. Um dos motivos para Mack estar tão angustiado com Deus é que o mundo está uma bagunça, e Deus não parece ter feito o suficiente para consertá-lo. De que forma você tem estado igualmente zangado ou angustiado com Deus?
7. Roger Olson conclui que em função de Deus parecer ter limitado a si mesmo, nem sempre intervém no mundo: "é melhor dizer, como diz *A Cabana*, que Deus está no comando, mas não no controle". Você concorda? Por quê?
8. Muitas pessoas pensam em Deus como uma figura sentimental, como seria um avô, ou como um juiz rigoroso e punitivo. Como você responde à tentativa de *A cabana* de corrigir essas imagens populares de Deus, especialmente por retratar Deus como Papai e Sarayu?
9. Alguns pensam que para levar as pessoas a fazer a coisa certa, precisamos recorrer a um Deus severo (normalmente o Pai), mas quando precisamos de perdão nos dirigimos a Jesus. William Young diz que tal versão dupla de Deus está errada: a disposição fundamen-

tal de Deus para conosco é de amor, e Jesus reflete perfeitamente o coração do Pai. No entanto, Jesus também tinha palavras duras para os líderes religiosos e palavras bem desafiadoras para os ricos. Como conciliar esses dois aspectos da natureza de Deus?

10. "Deus explica para Mack que, em vez de 'expectativas', ele tem 'prontidão', que é mais adequado para os relacionamentos. [. . .] Colocar expectativas sobre nós apenas nos leva à culpa e à vergonha." Como você tem visto tanto as expectativas quanto a prontidão na obra em sua vida?
11. O último passo no projeto da restauração de Deus é o mais difícil para Mack e para a maioria das pessoas. Não só devemos confiar em Deus, como também devemos perdoar os outros, incluindo aqueles que mais nos feriram. Para Mack, é claro, tem a ver com o Matador de Meninas. Deus fala para Mack que perdoar não é esquecer, nem é desculpar. Isso não significa renunciar à justiça, mas deixar a justiça para Deus. Como você responde ao ser chamado a perdoar os outros dessa maneira?
12. Deus fala para Mack que ele deveria perdoar o Matador de Meninas para o próprio bem de Mack. Como isso poderia ajudar Mack?
13. A questão básica do capítulo 8 de *Deus e A cabana* é se Deus perdoa as pessoas sem levar em consideração o quão terríveis são seus atos. Como você acha que *A cabana* responde a essa questão?
14. Mack está desiludido com a instituição cristã. Por que há tantas pessoas como Mack, até entre aquelas que são cristãs há tantos anos?

15. Na p. 166 de *A cabana*, Jesus diz que não cria instituições e que também não gosta muito de religiões. O que ele quer dizer? Explique por que você concorda ou não.
16. *A cabana* parece sugerir que alguém pode experimentar Deus totalmente à margem da comunidade cristã. Roger Olson não pensa que seja necessário fazer parte de uma organização ou instituição, mas que um seguidor de Jesus precisa da companhia do povo de Deus, que não é meramente o Cristianismo individualista. O que você acha, e por quê?
17. O quão realista é o final de *A cabana*? Você acha que alguém conseguiria superar uma tragédia como a de Mack e ser feliz tão depressa?
18. Roger Olson aponta que Jesus, os salmistas, Jeremias no livro das Lamentações de Jeremias e o apóstolo Paulo lutaram com a dor, com o sofrimento, a tristeza e a perda terrível. Você concorda que tais experiências são normais e não contrárias ao Cristianismo? Explique.
19. Alguns leitores apreciaram tanto *A cabana* que a tomam como sendo tão confiável quanto a Palavra de Deus. Por que é importante lembrar que o livro fala *sobre* a Palavra de Deus, mas não é a própria Palavra de Deus?
20. Olson diz que uma das razões para *A cabana* ser tão valiosa é porque ela "retrata fielmente a natureza de Deus por meio da sua mais completa e imediata revelação — Jesus Cristo". O que aprendemos sobre Deus por meio de Jesus em *A cabana*?

Este livro foi composto em Bembo 11,5/16 e impresso pela Gráfica Ediouro sobre papel Avena 80g para a Thomas Nelson Brasil em 2011.